AF341626

R. 2207.
B.

11155

LOGIQUE
FRANÇOISE.

LOGIQUE FRANÇOISE,

POUR

PRÉPARER LES JEUNES-GENS

A LA RHÉTORIQUE,

PAR M. L'ABBÉ HAUCHECORNE,
de la Maison & Société de Sorbonne,
Professeur de Philosophie au Collége des
Quatre-Nations.

A PARIS,

Chez { L'AUTEUR, au Collége des Quatre-Nations.
{ BELIN, Libraire, rue S.-Jacques près S. Yves.
{ COLAS, Libraire, Place Sorbonne.

M. DCC. LXXXIV.
Avec Approbation & Privilége.

ON trouve chez les mêmes Libraires un Abrégé Latin de Philosophie, avec une Introduction & des Notes, par M. HAUCHE-CORNE, 2 vol. in-12. brochés, 5 liv.

APPROBATION.

J'AI lu, par ordre de Mᵍʳ le Garde des Sceaux, le Manuscrit qui a pour titre : *Logique Françoise, pour préparer les Jeunes-Gens à la Rhétorique, par M. l'Abbé HAUCHECORNE, de la Maison & Société de Sorbonne, & Professeur de Philosophie au Collége des Quatre-Nations.* L'Auteur a senti la nécessité d'apprendre aux Jeunes-Gens à penser, avant que de les appliquer à la composition, & de quelle utilité il seroit de rapprocher deux Arts qui n'en faisoient qu'un seul avant Socrate, c'est-à-dire, de réunir l'Art de bien penser à l'Art de bien dire, comme il l'a heureusement exécuté dans le chapitre *du Raisonnement.* Ce premier succès doit l'engager à faire la même tentative sur les autres Parties de la Logique & de la Rhétorique. Un tel ouvrage seroit digne de sa plume : en l'attendant, je crois que la Jeunesse lira celui-ci avec intérêt & avec fruit. A Paris, ce 20 Septembre 1784.

DARAGON.

PRIVILÉGE DU ROI.

LOUIS, PAR LA GRACE DE DIEU, ROI DE FRANCE ET DE NAVARRE, A nos Amés & féaux Conseillers, les Gens tenans nos Cours de Parlement, Maîtres des Requêtes ordinaires de notre Hôtel, Grand-Conseil, Prévôt de Paris, Baillifs, Sénéchaux, leurs Lieutenans-Civils, & autres Nos Justiciers, qu'il appartiendra : SALUT. Notre bien amé le sieur Abbé HAUCHECORNE, Nous a fait exposer qu'il desireroit faire imprimer & donner au Public un Ouvrage de sa composition, intitulé, *Logique Françoise pour préparer les Jeunes-Gens à la Réthorique*, s'il Nous plaisoit lui accorder Nos Lettres de Privilége pour ce nécessaires. A CES CAUSES, voulant favorablement traiter l'exposant, Nous lui avons permis & permettons de faire imprimer ledit Ouvrage autant de fois que bon lui semblera, & de le vendre, faire vendre par tout notre Royaume. Voulons qu'il jouisse de l'effet du présent Privilége, pour lui & ses hoirs à perpétuité ; pourvû qu'il ne le retrocéde à personne ; & si cependant il jugeoit à propos d'en faire une Cession, l'acte qui la contiendra sera enregistré en la Chambre Syndicale de Paris, à peine de nullité, tant du Privilége que de la Cession ; & alors par le fait seul de la Cession enregistrée, la durée du présent Privilége sera réduite à celle de la vie de l'Exposant, ou à celle de dix années, à compter de ce jour, si l'Exposant étoit décédé avant l'expiration desdites dix années. Le tout conformément aux articles IV. & V. de l'Arrêt du Conseil du 30 Août 1777, portant Réglement sur la durée des Priviléges en Librairie. Faisons défenses à tous Imprimeurs, Libraires, & autres personnes de quelque qualité & condition qu'elles soient, d'en introduire d'impression étrangère dans aucun lieu de notre obéissance ; comme aussi d'imprimer, ou faire imprimer, vendre, faire vendre, débiter ni contrefaire ledit Ouvrage, sous quelque prétexte que ce puisse être, sans la permission expresse, & par écrit, dudit Exposant, ou de celui qui le représentera, à peine de saisie & confiscation des Exemplaires contrefaits, de six mille livres d'amende, qui ne pourra être modérée, pour la première fois, de pareille amende & de déchéance d'état en cas de récidive, & de tous dépens, dommages & intérêts, conformément à l'Arrêt du Conseil du 30 Août 1777, concernant les Contre-façons : A LA CHARGE que ces Présentes seront enregistrées tout au long sur le Registre de la Communauté des Imprimeurs & Libraires de Paris, dans trois mois de la date d'icelles ; que l'impression dudit Ouvrage sera faite dans notre Royaume & non ailleurs, en beau papier & beaux caractères, conformément aux Réglements de la Librairie, à peine de déchéance du présent Privilége ; qu'avant de l'exposer en vente, le manuscrit qui aura servi de copie à l'impression dudit Ouvrage, sera remis dans le même état où l'Approbation y aura été donnée, ès mains de notre très-cher & féal Chevalier Garde des Sceaux de France, le sieur Hue de Miromenil, Commandeur de nos Ordres, qu'il en sera ensuite remis deux exemplaires dans notre Bibliothéque publique, un dans celle de notre Château du Louvre, un dans celle de notre très-cher & féal Chevalier Chancelier de France, le sieur de Maupeou, & un dans celle dudit sieur Hue de Miromenil. Le tout à peine de nullité des Présentes : DU CONTENU desquelles vous MANDONS, & enjoignons de faire jouir ledit Exposant & ses ayant cause, pleinement & paisiblement, sans souffrir qu'il leur soit fait aucun trouble ou empêchement : VOULONS que la copie des Présentes, qui sera imprimée tout au long au commencement ou à la fin dudit Ouvrage, soit tenue pour duement signifiée, & qu'aux copies collationnées par l'un de nos amés & féaux Conseillers-Secrétaires,

foi foit ajoutée comme à l'original. COMMANDONS
au premier notre Huiſſier ou Sergent ſur ce requis,
de faire pour l'exécution d'icelles, tous Actes requis
& néceſſaires, ſans demander autre permiſſion, non-
obſtant Clameur de Haro, Charte Normande, &
Lettres à ce contraires : Car tel eſt notre plaiſir.
Donné à Paris le dix-ſeptiéme jour du mois de Novembre l'an de Grace mil ſept cent quatre-vingt-
quatre, & de notre Règne le onziéme.

PAR LE ROI EN SON CONSEIL.

LE BEGUE.

*Regiſtré ſur le Regiſtre XXII de la Chambre
Royale & Syndicale des Libraires-Imprimeurs
de Paris, No. 84, Fol. 205, conformément aux
diſpoſitions énoncées dans le préſent Privilége; &
à la charge de remettre à ladite Chambre les huit
Exemplaires preſcrits par l'article CVIII du Réglement de 1723. A Paris, le 17 Novembre 1784.*

FOURNIER, *Adjoint.*

LOGIQUE
FRANÇOISE,

*Pour préparer les Jeunes-Gens
à la Rhétorique.*

———————

Plus foible que les autres animaux,
l'Homme ouvre à peine les yeux à la lumière, qu'il manifeste ses besoins par ses
cris, & le premier usage de ses sens est la
douleur. Son œil, sa main, ses gestes, in-
terrogent son berceau. Surpris, étonné de
tout ce qu'il voit, de tout ce qu'il touche,
il est arrêté par toutes les impressions qu'il
éprouve. L'herbe qu'il foule aux pieds n'est

A

point pour lui la même que pour un qua-
drupéde : les fons qui frappent fon oreille,
les couleurs qui fixent fes regards, tout ce
qui affecte fes organes, l'intéreffe, l'agite
& le plonge dans une efpèce d'étude dont
les progrès font auffi négligés que précieux.
D'où peut donc venir ce fonds d'inquiétude
& de curiofité ? Pourquoi cette activité, ce
travail ? Le Cheval n'attend point fa fierté
du nombre des années ; le Taureau connoît fa
force auffi-tôt qu'il respire ; le Lion ne quitte
la mamelle de fa mere que pour régner fur
les déferts qui l'ont vû naître ; le Chien
fidèle, l'induftrieux Caftor, le Singe fi étonnant par fa fineffe & fa dextérité ; tous ces
animaux atteignent en peu de temps la perfection dont leur nature eft fufceptible : leur
enfance eft rapide, & le développement de
leurs facultés auffi prompt, que l'accroiffe-
ment de leurs membres ; & l'Homme eft
lent à fe former. rêtée par mille obfta-
cles, fa marche eft infenfible, & fon éducation eft la moitié de fa vie. D'où peut
procéder cette étonnante différence ? C'eft

que l'Homme raisonne, c'est que l'Homme réfléchit, c'est que l'Homme a le don céleste de la *Pensée*; c'est qu'il a pour titre de sa supériorité, de son empire sur les animaux & sur toute la nature, le pouvoir de connoître ce qui ébranle le méchanisme de son corps, de se replier sur les modifications de son ame, de comparer & d'analyser les affections qu'il reçoit, de rapprocher & de réunir en un seul tableau toutes les images qu'il se forme, de rappeller à son gré les traits d'où résultent ces images, de les augmenter, de les diminuer, de les decomposer; en un mot, d'être l'arbitre de ses mouvements, le maître de ses actions, & le juge de lui-même.

Nous recevons tous, en naissant, la faculté de penser, & nous en pouvons faire usage sans le secours des préceptes. Le fils grossier du plus obscur paysan raisonne, comme l'héritier présomptif de la couronne la plus brillante : on peut même avancer que leurs ames sont égales, & qu'ils ne diffèrent extérieurement que par la constitution du

corps. Mais les soins de l'éducation, les heureuses circonstances, les théâtres éclatants,
élévent l'un; tandis que l'autre sans culture
& sans occasions, resserré dans une sphère
étroite de connoissances, borné aux impressions qu'il reçoit de sa chaumière & guidé
par des leçons aussi simples, des exemples
aussi communs que tout ce qui l'environne,
paroît avoir du côté de l'esprit la même in-
fériorité que lui donne le rang.

Cependant combien de fois n'arrive-t-il
pas que les plus habiles instituteurs voyent
leurs espérances trompées, & que lorsque
la fortune a désigné d'illustres Emiles pour
remplir les emplois les plus importants, la
nature les recuse & leur substitue celui que
l'indigence condamne à baigner la terre de
sa sueur! Combien de fois l'humble arti-
san ne pourroit-il pas opposer ses talens &
son génie aux pompeuses prérogatives des
richesses & du sang! Combien de fois l'es-
clave n'est-il pas au dessus du maître impé-
rieux dont il exécute, en tremblant, les ordres barbares & stupides!

Cette force de raisonnement, cette solidité, cette justesse de pensée, indépendan-
tes des conditions, de la fortune & de l'é-
tude ; cette faculté de se former des principes clairs, & d'en tirer d'exactes conséquences ; voilà ce que nous appellons *Logique naturelle*. Si elle manque, tous les
préceptes sont inutiles : ils ne font même
que donner à l'esprit une dangereuse sagacité, une fausse finesse, & une insolente
opiniâtreté : nous n'en avons, hélas ! que
trop d'exemples.

Mais, quoique tantôt prodigue, tantôt
avare, la Nature partage inégalement ses fa-
veurs ; quoique des hommes heureusement
nés l'emportent souvent en énergie & en
pénétration de jugement sur d'autres dont
l'esprit est cultivé, fortifié par les exercices,
nourri par la lecture & dirigé par les leçons ;
quoiqu'enfin nous puissions, en général,
bien raisonner sans étude ; il n'en est pas
moins vrai, que toutes choses égales d'ailleurs, toutes compensations faites, & sup-
posant la marche ordinaire des esprits, l'Art

du Raisonnement, autrement la *Logique ar-*
tificielle, est, sinon d'une nécessité absolue,
au moins de la plus grande utilité. Plus de
précision & d'exactitude dans le langage,
plus d'ordre dans les idées, plus de suite &
de sûreté dans les jugements, plus d'adresse
pour découvrir & dévoiler le faux d'un sophisme, plus de vigueur pour developper
une preuve, en saisir les moyens & les présenter sous un jour favorable; tels sont cons-
tamment les effets des règles que prescrit
une Logique bien acquise. Veut-on plaire,
émouvoir, persuader, c'est-à-dire, être bon
Orateur ? Que l'on consulte les loix de la
Logique, & l'on verra qu'elle apprend à
jetter dans le discours une agréable variété,
par une disposition bien entendue des di-
verses sortes de raisonnement; à toucher,
attendrir, effrayer, par un juste choix des
moyens; & à pénétrer l'ame de la plus forte
conviction, par des démonstrations lumi-
neuses, par un tissu rigoureux de principes
& de conséquences, par un ensemble frappant de raisons clairement énoncées, preu-

vées hardiment, & difposées dans un bel ordre.

Il y a une liaifon intime entre la Logique & la Rhétorique, ou plûtôt, c'eft le même Art fous deux rapports différents. La Logique trace le deffin de nos connoiffances ; la Rhétorique y met fes couleurs. La Logique pofe les fondements & conftruit, pour ainfi dire, la charpente de nos penfées, de nos raifonnements, de tous les travaux de notre efprit ; la Rhétorique en fait un édifice brillant par la grace & la difpofition qu'elle fçait leur donner. La Logique prefcrit les mefures, indique les proportions ; détermine les convenances ; la Rhétorique diftribue les ornemens, répand le bon goût, le fentiment & la vie. L'une fans l'autre ne fait, ou qu'un corps nerveux dont les formes font rudes & durement prononcées fans aucune drapperie qui les fauve & les adoucifFe, ou qu'un affemblage confus de riches drapperies qui ne couvriroient qu'une ébauche informe : réunies par une main habile, elles compofent un tout harmonieux, dans

lequel ſe marient agréablement la force &
la délicateſſe, la préciſion & l'abondance,
la ſymmétrie & la variété.

Mais comment ſe livrer à l'étude de la
Logique avant que de s'appliquer à celle
de l'Éloquence ? Faut-il donc deſſécher ſon
imagination par la froide lecture des Traités
de Philoſophie, où toutes les régles de la
Dialectique ſont longuement & péniblement
expoſées dans un latin qui n'eſt rien moins
qu'élégant, & qui ſouvent même eſt barbare ? Faut-il, pour arriver à la connoiſſance
de ces régles, ſe traîner douloureuſement
ſur mille queſtions auſſi épineuſes qu'inutiles ?
Non, ſans doute. Quelques principes bien
établis, quelques préceptes ſimples & faciles, des exemples bien choiſis, des comparaiſons naturelles, doivent ſuffire pour
mettre les Jeunes-Gens en état de claſſer
leurs idées, de diſcerner la juſteſſe ou la
fauſſeté d'un raiſonnement, d'ordonner la
marche de leurs compoſitions, de réprimer
par l'exactitude logique le luxe de leur imagination, de ſe diſpoſer même à faire, après

leur Rhétorique, une Philosophie solide &
raisonnée. Telles ont été les vûes de l'Auteur
qui leur offre ces élémens de Dialectique :
puisse-t-il être assez heureux pour les avoir
remplies ! La seule gloire qu'il ambitionne
& la seule récompense qu'il desire, sont
de se rendre utile à cette portion chérie
de la Société dont les jeunes talens sont la
douce espérance de tous les ordres de l'état.
Entrons donc en matière, & tâchons, si
ce ne peut être par les graces du style, au
moins par l'ordre, la méthode & la clarté,
de jetter de l'intérêt sur une science que
son aridité, la frivolité du siécle, l'esprit
de suffisance & l'ignorante fatuité font regarder d'un œil indifférent, pour ne pas
dire méprisant & dédaigneux.

LES objets se peignent à notre esprit
sous certaines formes; c'est ce qu'on appelle
avoir des *Idées*. Nous comparons deux idées
pour en découvrir le rapport, & cette comparaison est un *Jugement*. Nous rapprochons
deux jugements pour en déduire un troisié-

me, & alors nous *raisonnons*. Nous mettons de la liaison & de l'ordre dans nos idées, dans nos jugements, dans nos raisonnements, c'est ce qu'on entend par la *Méthode*, qui, dans la recherche de la vérité, prend le nom d'*Analyse*, & de *Synthèse* dans les compositions & l'enseignement. Nous nous replions sur nos pensées pour les étudier, c'est la *Réflexion*; nous nous y arrêtons plus ou moins de temps, c'est l'*Attention*; elles renaissent & se ressuscitent dans notre ame, c'est la *Réminiscence*; nous nous en rappellons les circonstances & les signes, c'est la *Mémoire*; nous les composons & les étendons à notre gré, c'est l'*Imagination*. Voilà bien des actions différentes d'un même principe immatériel, pensant & libre; ce ne sont pourtant point, à proprement parler, autant d'opérations séparées, autant de branches réellement distinguées les unes des autres & du fonds qui les produit; elles ne sont toutes que l'ame appliquée à tel ou tel objet, & de telle ou telle manière.

Cependant les Philosophes, pour mieux

les obſerver, les connoître & les définir, les ont rangées par claſſes, leur ont donné des noms & des caractères propres, comme s'il exiſtoit entr'elles une ſucceſſion & une diviſion véritables ; ils les ont regardées comme autant de fonctions particulières que l'on ne devoit pas confondre, & leur réunion forme ce que nous appellons l'*Entendement humain*.

L'*Entendement* eſt encore pris pour une eſpéce d'agent que l'on diſtingue ſcrupuleuſement de la *Volonté* : ſous ce rapport il ſe nomme *Intellect*. Ne ſçait-on pas que, dans le langage ordinaire, nous attribuons certaines affections au cœur, & d'autres à la tête ? Et n'eſt-ce pas en ce ſens que tous les jours on dit : *Cet homme a une tête excellente, mais un mauvais cœur ?* Or les Logiciens ont uſé du même droit, & ont vû dans l'*Intellect* un guide fait pour éclairer nos pas, pour nous préſenter le bien & le mal, le menſonge & la vérité ſous les dehors qui leur conviennent ; dans la *Volonté*, un ſerviteur fidèle qui ſuit la route qu'on lui

trace, & ne détermine son choix que sur
les conseils qu'on lui donne. L'*Intellect* dicte
ce qu'il faut faire, la *Volonté* l'exécute ;
l'*Intellect* estime ou méprise l'objet, la *Volonté* le haït ou l'aime ; enfin l'*Intellect* est
le juge, & la *Volonté* le ministre.

Toutes les opérations de l'*Intellect* sont
du ressort de la Logique, & les affections
de la *Volonté* appartiennent à la Morale.
On a trouvé que la division de la Logique
étoit plus simple en rapportant tout ce qui
regarde l'*Intellect* à quatre modifications
principales, qui sont, l'*Idée*, le *Jugement*,
le *Raisonnement*, & la *Méthode* ; c'est aussi
le plan que nous allons suivre.

CHAPITRE PREMIER.

DE L'IDÉE.

QU'EST-CE qu'une Idée ? Quelles font les propriétés de l'idée ? D'où nos idées tirent-elles leur origine ? Ces trois queſtions, ſi nous voulions rapporter tous les ſentimens & tous les combats qu'elles ont fait naître, formeroient trois traités auſſi longs que difficiles, & peut-être ennuyeux ; mais nous n'en parlerons qu'autant que le demande notre objet.

L'idée eſt l'image ſous laquelle une choſe ſe fait ſentir à l'ame, & en termes d'école, c'eſt *la repréſentation d'une choſe dans l'eſprit*. Par exemple, un cercle, lors même qu'il n'eſt pas devant mes yeux, ſe peint-il dans mon cerveau ? J'ai l'*idée* d'un cercle. Eſt-ce la forme d'un triangle qui s'y deſſine ? J'ai l'*idée* d'un triangle. Ces notions ſont

fort claires : elles font fondées fur l'expérience, parce que nous fentons nos idées,
nous les diftinguons les unes des autres &
de tout ce qui n'eft point *idée* : nous voyons
qu'elles ne peuvent être que les portraits
fidèles des objets que nous connoiffons, &
dont certainement nous n'aurions aucune
connoiffance, s'il ne fe traçoit dans notre
ame une image bien caractérifée. Mais tant
que l'on voudra creufer & approfondir la
nature de cette repréfentation, c'eft-à-dire
démontrer comment elle fe forme, d'où elle
réfulte, en quoi elle confifte ; on ceffera
de raifonner, parce qu'on ne raifonne plus
quand on manque de principes. On entaffera
chimères fur chimères, & le titre pompeux
de fyftême ou le nom célébre du plus grand
Métaphificien ne couvrira point les erreurs.
Que n'ont pas dit *MALEBRANCHE* &
ARNAULD dans leur quérelle philofophique
fur cette queftion qu'ils ont rendue fameufe !
que d'arguments ! que de fubtilités ! que
de fophifmes ! N'ont-ils pas eu la douleur
de voir qu'ils n'étoient entendus de perfonne,

& qu'ils ne s'entendoient pas eux-mêmes ?
Aussi M. de Fontenelle disoit-il élégamment,
en se mocquant des deux partis, qu'il falloit que ce fût un grand combat, puisque
tout l'univers étoit spectateur & que personne ne pouvoit être juge (a).

Quant aux propriétés de nos idées, on
en compte trois, leur *vérité*, leur *clarté*,
leur *distinction*. Elles sont *vraies*, puisqu'elles
sont les images des objets : elles sont *claires*,
autrement elles ne nous donneroient aucune
connoissance : elles sont *distinctes*, parce que

(a) MALEBRANCHE, comme l'on sçait, fut un
illustre défenseur de la Philosophie de Descartes ;
il naquit à Paris en 1638 & porta dans l'Oratoire
à l'âge de 20 ans un des génies les plus brillans
& le corps le plus foible que la nature ait produit
dans ses contrastes.

ARNAULD, grand Théologien, & ami de Malebranche, quoique plus âgé que lui de 26 ans, s'est
fait connoître par plus de cent productions toutes
dignes de sa plume ; & Boileau ne craint pas d'a-
vancer que c'étoit le plus sçavant mortel qui jamais eût écrit. Cet éloge étoit peut-être un peu
outré par l'amitié ; mais on ne peut nier que M.
Arnauld fût un homme d'un mérite étonnant.

fi l'une repréfente un cercle, elle ne le confond point avec un triangle; fi l'autre peint un triangle, elle le fait diftinguer d'un quarré, &c. Ces qualités leur font effentielles, & dès-lors qu'une feule viendroit à manquer, il n'y auroit plus d'idée. Toutes les difputes des Logiciens n'obfcurciront jamais des principes fi évidents.

Pour l'origine de nos idées, elle a été la matière de differtations plus folides & plus claires. *Defcartes*, le reftaurateur de la Philofophie & le Prince des Philofophes François (*a*) leur affigna trois fources différentes. Parmi toutes les idées que nous avons, difoit-il, les unes viennent des circonftances & des impreffions extérieures qui nous frappent dans le cours de nos années; ce font des *idées adventices* (*b*); nous en créons d'autres par l'exercice de la réflexion, ce

____

(*a*) Ce grand homme, l'honneur de fa Patrie & la lumière de l'Europe, vit le jour à la Haye en Touraine le 31 de Mars 1596.

(*b*) Du verbe latin *advenire*, *venir*, *arriver d'ailleurs*.

qui

qui doit les faire appeller *idées factices* (a);
la troisiéme espéce, Dieu nous la donne
au moment où il nous fait exister, & l'enfant suffisamment organisé dans le sein de
sa mere, a déjà des idées primordiales de
l'être suprême & des premiers principes de
la loi naturelle : voilà les *idées innées* qui,
si long-temps, ont divisé tant d'écoles,
échauffé tant d'esprits, animé tant de plumes. Nous n'entrerons point dans l'examen
des preuves qui les défendent ou les combattent, parce qu'elles mêmes elles n'entrent point dans le plan de ce petit ouvrage :
nous dirons seulement, & ce seul mot
suffit, que si les *idées innées* eurent autrefois les plus illustres partisans comme les
plus terribles adversaires, la dispute est aujourd'hui bien refroidie.

LOCKE, Philosophe Anglois (b), conserva les idées que Descartes avoit nommées

____

(a) Du verbe *facere*, *faire*, *composer*, & bien
différent de *fictice*.

(b) Né à Wrington près Bristol en 1632, six
ans avant Malebranche.

B

Adventices & Factices : il ne reconnut qu'elles, & bannit les *idées innées*. Il avança que nos sens sont le fonds & les matériaux de toutes nos connoissances ; que ces connoissances brutes & informes dans les premières années de notre vie, comme les impressions elles-mêmes qui les produisent, se combinent, s'aggrandissent, se developpent avec les circonstances ; & qu'ensuite la Reflexion, c'est-à-dire la faculté de nous replier sur nos sensations, leur donne cette force, cette étendue, cette richesse, qu'augmentent & perfectionnent le temps, l'étude, & les différentes situations de la vie humaine. Une observation très-naturelle vient à l'appui de ce sentiment. Supposons un homme né sans l'organe de la vûe : il n'a certainement aucune idée de la lumière & des couleurs, de l'espace & de la figure des corps. Est-il privé de l'Ouie ? Que connoît-il sur les sons ? La nature lui a-t-elle refusé le sens si général du Toucher ? Combien d'affections n'ignore-t-il pas ? Enfin n'a-t-il aucun des sens dont nous sommes doués ?

Quelles impreſſions pourra-t-il recevoir ?
quelles ſenſations pourra-t-il éprouver ?
quelles notions pourra-t-il acquérir ? Que
ſera-t-il, ſinon un bloc de matière inſenſi-
ble, inanimé ? un corps brut, paſſif & ſans
énergie ? Voilà ce que veut dire Locke par
cette propoſition : *Toutes nos idées viennent
des ſens*. Elles ne paſſent point par nos ſens
comme à travers une filière dont elles prennent l'empreinte ; mais les ſens ſont une
condition & une occaſion ſans leſquelles
nous n'aurions point d'idées. Cette opinion,
ſi elle n'eſt pas vraie, eſt au moins bien ſpé-
cieuſe, & ce que lui oppoſent les ſçavants
Auteurs de la *Logique de Port-Royal*, ne
paroît pas la détruire.

L'Idée, comme toute autre modification
de l'ame, n'a rien de phyſique & de maté-
riel : elle eſt indiviſible, pure & ſans mêlange. Perſonne n'ignore que le quart ou la
moitié d'une penſée, eſt une diviſion folle,
ridicule & abſurde : cependant les Logiciens
admettent des idées *ſimples* & *compoſées*.
Seroit-ce une contradiction ? Nullement. Par

idée *simple*, ils entendent une idée qui n'eſt point l'aſſemblage de pluſieurs autres ; & par idées *compoſées*, toutes celles qui ne ſont que la réunion & pour ainſi dire le faiſceau d'un certain nombre d'idées empruntées. Il y a fort peu d'idées ſimples, ſi toutefois il en exiſte, & le reſte eſt plus ou moins compoſé. L'idée que nous avons de Dieu, par exemple, eſt très-compoſée ; parce qu'elle eſt le réſultat de toutes les idées acceſſoires de bonté, de puiſſance, de gloire, de juſtice, &c. : or celles-ci ſont elles-mêmes une collection d'idées inférieures & ſubalternes.

CHAPITRE II.
DU JUGEMENT.

Nos idées ne font pas ifolées & détachées les unes des autres, mais elles ont des rapports, des connexions, & des différences. Il y en a qui s'accordent & demandent à être liées : il y en a aussi qui font incompatibles. L'idée de *cercle* & l'idée de *rondeur* fe préfentent-elles à mon efprit? Leur affinité me paroît frappante, & je ne puis me difpenfer de les unir. Ai-je celles de *cercle* & de *quarré*? Je les fépare auffi-tôt comme oppofées & inconciliables. Un *Dieu* & un *être parfait* me paroiffent la même chofe ; un *Dieu* & un *tyran cruel* font un contrafte qui me révolte. Or, joindre deux idées qui femblent faites l'une pour l'autre, ou féparer deux idées qui fe choquent & fe détruifent, c'eft *juger*. Y a-t-il union? Le ju

gement eſt *affirmatif.* Y a-t-il ſéparation ?
C'eſt un jugement *négatif.* Le Jugement eſt
donc la comparaiſon de deux idées : l'ame
eſt l'arbitre, & prononce ſur le rapport
qu'elle découvre. Et comme des deux idées
qu'elle confronte, l'une eſt ſoumiſe à tout
ce qu'elle en peut dire, & l'autre eſt la qualité qu'elle peut attribuer à la première ;
l'une eſt appellée le *Sujet,* & l'autre l'*Attribut.* Ces deux expreſſions répondent au
Subſtantif & à l'*Adjectif* de la Grammaire.
Quelques exemples rendront la choſe plus
ſenſible.

Dans ces jugements affirmatifs, *La vertu
eſt aimable, La ſobriété eſt la mere de la ſanté, Un homme avare eſt malheureux,* on voit
au premier coup d'œil que les idées de *vertu,*
de *ſobriété,* d'*homme avare,* ſont celles ſur
leſquelles l'ame va prononcer ; & que les
idées d'*aimable,* de *mere de la ſanté,* de
malheureux, ſont ce qu'elle en penſe. Les
premières ſont donc les *Sujets,* & les ſe-
condes ſont les *Attributs.*

Dans les jugements ſuivants qui ſont négatifs, *Le voluptueux n'est jamais estimé, Le prodigue n'est jamais riche, Le menteur ne peut s'attirer la confiance des honnêtes gens*, il n'est pas moins évident que le *voluptueux, le prodigue, & le menteur* sont *Sujets*, & que les *Attributs* qui en sont exclus par la négation sont *l'estime, la richesse, la confiance*.

Observons que, soumis à mille passions différentes, à des préjugés de toute espèce, & souvent aveuglés par des intérêts plus ou moins dominants, nous ne voyons pas toujours le vrai rapport qui existe entre deux idées, ou nous l'altérons par la précipitation, la colere, la haine, &c. car, au moral comme au physique, nous sommes esclaves des circonstances. L'organe de la vision corporelle est-il affecté par quelque accident? La forme des objets n'est plus la même, les couleurs sont changées & les traits défigurés. Un homme furieux ne distingue rien ; tout se double aux yeux de celui qui est yvre ; la maladie connue sous le nom de *Jaunisse*, repand le jaune sur toute la nature, & fait

disparoître les véritables nuances. C'est ainsi
qu'éblouis par les phantômes de l'imagination, par les prestiges de l'amour-propre, par
les illusions de nos sens, retenus par la
crainte, poussés par la jalousie, irrités par
l'animosité, agités par la colere, emportés
par l'amour, nous ne voyons point les objets intellectuels tels qu'ils sont, & tels qu'ils
se montreroient à nous si nous déchirions
le crêpe qui les obscurcit & les déforme; &
c'est ce qui fait distinguer nos jugements en
évidents ou *obscurs*, en *certains* ou *douteux*,
en *vrais* ou *faux*, en *justes* ou *téméraires*,
selon que le rapport des idées est bien ou
mal saisi. Cependant, quelque faux, quelqu'injuste que soit un jugement, les idées
qui en font la matière & l'objet, n'en sont
pas moins pures, moins vraies, moins claires; mais leur liaison ou leur contraste n'a
pas fait dans l'ame l'impression nécessaire;
l'un ou l'autre n'a point été senti; en un
mot, on a uni deux choses incompatibles
ou séparé ce qui demandoit un accord. Voilà
la source commune de toutes nos erreurs

la folie elle-même n'a point d'autre origine,
& un homme n'est insensé, que parce qu'il
lie étroitement les idées les plus disparates
& les plus contraires.

Le Jugement est quelque chose de men-
tal & d'intérieur à l'ame : mais nous pouvons, à notre gré, le tenir secret ou le
manifester. Si nous voulons le produire au
dehors, quel signe plus naturel que la Parole ?
Or la phrase qui l'exprime & le rend sensible, s'appelle *Proposition*, & renferme,
comme le Jugement dont elle est la traduction, un *Sujet* & un *Attribut*. Elle doit
même contenir quelque chose de plus ; car
l'ame ne peut faire connoître le rapport
qu'elle trouve entre l'*Attribut* & le *Sujet*,
que par un mot qui indique l'action d'unir
ou de séparer l'un & l'autre. Ce mot que
nous nommons *verbe* dans la Grammaire,
s'appelle en Logique *la copule* (a), & par
ce moyen la proposition sera aussi bien que

_(a)_ *Copula* signifie *lien*, *jonction*, & rend bien
l'office du verbe dont on se sert pour indiquer l'u-
nion ou la désunion de l'Attribut & du Sujet.

C

le Jugement, *affirmative* ou *négative*, *vraie* ou *fauſſe*, *évidente* ou *obſcure*, *certaine* ou *douteuſe*, *fondée* ou *téméraire* : il le faut bien, puiſqu'elle n'eſt qu'un jugement *verbal*, & qu'elle exprime d'une manière ou d'une autre le rapport des idées. Ainſi voilà une Propoſition *évidente* : *Un tout eſt plus grand que l'une de ſes parties* : elle eſt en même temps *certaine*, *fondée*, *vraie* & *affirmative*. En voici une autre qui eſt *fauſſe* & *négative* : *La vertu ne rend pas l'homme heureux.* En général une *Propoſition* eſt l'énoncé fidèle, l'interprétation exacte, la traduction littérale du *Jugement*, & ſa perfection comme ſes défauts ſont la perfection ou les défauts du Jugement même.

Il n'eſt pas néceſſaire de faire obſerver que, dans les deux exemples qui viennent d'être cités, les Sujets ſont les mots *un tout* & *la vertu* ; les Attributs, *plus grand que l'une de ſes parties* & *l'homme heureux* ; les Copules, *eſt* & *ne rend pas* : ces trois choſes ſont trop diſtinctes, pour que l'on puiſſe s'y tromper. Mais il eſt bon de remarquer que souvent elles se trouvent renfermées dans un seul mot : ainsi le mot latin *Sum*, *j'existe*, est une Proposition dans toutes les formes ; car il équivaut à ces trois mots séparés *ego sum existens*, je suis existant, dont le premier est *Sujet*, le second *Copule* & le troisiéme *Attribut*. *Amo*, *j'aime*, est encore une Proposition dont le développement est *ego sum Amans*, je suis aimant, &c.

Si une Proposition n'a qu'un sujet & qu'un attribut, on l'appelle *simple*, comme celle-ci : *Dieu est juste*. Si elle a plusieurs sujets ou plusieurs attributs, ou plusieurs tant sujets qu'attributs, elle est *composée* ; telles sont les suivantes : *Pierre & Paul sont discrets : Pierre est discret & gai : Pierre & Paul sont discrets & gais*.

La Proposition prend le nom de *complexe* si, quoiqu'elle n'ait qu'un sujet & qu'un attribut, l'un des deux ou l'un & l'autre a quelque caractère, quelque addition qui le modifie : telles sont ces deux-ci : *Dieu, dont la puissance est infinie, tira du néant l'uni-*

vers ; *L'avare, qui toujours est dans la crainte, ne jouit point de la paix, ce bien si précieux.* Or chacune de ces Propositions en
forme deux, dont l'une se nomme la *Proposition principale*, & l'autre la *Proposition incidente* (a). Ainsi, dans le premier
exemple, le but est d'avancer que *Dieu a
créé l'univers*, voilà la Proposition principale ; & cet accessoire, *dont la puissance est
infinie*, est la Proposition *incidente*. Dans le
second exemple, l'intention est de dire que
l'avare ne jouit point de la paix, & les deux
accessoires qui ont rapport à *l'avare* & à *la
paix*, sont les Propositions *incidentes*.

Une Proposition peut être isolée ou com-
parée avec une autre. Si on ne fait attention
qu'à elle seule, ses propriétés sont de pou-

(a) L'énergie de ce mot en a fait faire un verbe
consacré à la Jurisprudence : car on dit en matière
de Procès *incidenter*, pour exprimer que l'on s'at-
tache à des questions qui, sans être étrangères aux
procès, n'en sont pourtant point la matière & le
fonds ; c'est ce que veut dire le verbe latin *inci-
dere, survenir*.

voir être 1o. *affirmative* ou *négative*, *vraie* ou *fausse*; & c'est ce que les Logiciens appellent *Qualité* de la Proposition : 2o. *universelle*, *particulière*, & *singulière* : c'est ce que l'on nomme *Quantité*. Si la Proposition se compare avec d'autres, il en peut résulter une certaine opposition, qui les fait regarder comme *contradictoires* & *contraires*. Une explication courte & simple va faire disparoître toute la difficulté de ces termes techniques.

Une Proposition est universelle ou générale (les deux mots sont synonymes), lorsque son sujet s'entend de toute espéce dont il est membre. Par exemple , quand je dis , *tous les hommes sont méchants* , il est clair que je parle absolument de toute l'espèce humaine, & ma Proposition est *générale*. Elle deviendroit *particulière*, si j'y mettois une restriction telle que celle-ci , *quelques hommes sont méchants* ; & alors je ne parlerois que d'une portion de l'espèce humaine plus ou moins grande , sans la déterminer. Enfin elle seroit *singulière*, si ma reſtriction étoit encore plus forte, & ſi je ne parlois que d'un ſeul homme en le nommant & diſant : *Pierre eſt méchant.*

On reconnoît de plus une quatriéme ſorte de Propoſition que l'on appelle *indéfinie*, parce qu'elle n'a point un caractère marqué de généralité comme les Propoſitions univerſelles, oū de reſtriction comme les particulières ; mais les circonſtances font aiſément appercevoir à laquelle de ces deux elle doit ſe rapporter. Par exemple, cette Propoſition, *Le cercle eſt rond*, eſt indéfinie & rigoureuſement générale, parce qu'il eſt évident que l'on veut parler *de tous les cercles*, quoique le mot *tous* n'ait pas été ajouté. En voici une autre qui eſt encore générale, *Les Jeunes - Gens ſont volages* ; mais elle n'eſt que moralement générale, c'eſt - à - dire, qu'elle ſouffre quelques exceptions. Cette troiſiéme, *Les ſoldats mirent ſur la tête du Sauveur une couronne d'épines*, eſt particulière ; car ſûrement la même action ne pouvoit pas être faite par tous les ſoldats, mais ſeulement par quelques-uns de la cohorte.

Enfin il peut arriver qu'une Proposition in-définie ne se rapporte ni aux universelles ni aux particulières, mais qu'elle soit singulière ; comme si je dis : *Les Romains détruisirent les Carthaginois.* Et pourquoi ? C'est que je ne parle ni de *tous les Citoyens Romains*, ni de *quelques Citoyens Romains*, mais du *Peuple Romain* ; & l'on sçait que tout *Peu-ple*, tout *Corps*, toute *Communauté*, for-me une personne morale qui parle, qui agit, qui combat par ses sujets.

Deux Propositions sont opposées, quand ce que l'une avance, l'autre le réfute dans la même intention & sous le même rap-port. Si la seconde ne dit précisément que ce qu'il faut dire pour détruire la première, on les appelle *contradictoires* ; & lorsqu'elle en dit plus qu'il n'en est besoin, on les nomme *contraires.* Ainsi les Propositions suivantes sont contradictoires : *Tous les hommes sont vertueux, Quelque homme n'est pas vertueux :* *Tous les François sont braves*, *Quelque François n'est pas brave : Le temps est beau, Le temps n'est pas beau : Il fait chaud, Il*

quoique jamais elles ne puiſſent être vraies
enſemble; au lieu que les Propoſitions contradictoires ne ſont dans aucune occaſion
vraies ou fauſſes en même temps. La raiſon
en eſt palpable : les contradictoires ſont le
oui & le *non*, il n'y a pas de milieu; mais
les contraires ſont ſouvent toutes deux ou-
trées, & par là même elles admettent une
Propoſition mitoyenne qui, en aſſignant la
vérité, les rend fauſſes. Par exemple : avan-
ce-t-on ces deux Propoſitions, *Le temps eſt*
beau, *Le temps n'eſt pas beau?* Je n'y vois
pas de milieu, parce qu'elles ſont contradictoires; & ſi l'une des deux eſt vraie, l'autre qui la réfute eſt abſolument fauſſe. Mais
profére-t-on les deux ſuivantes, *Le temps eſt*
beau, *Le temps eſt affreux?* Elles ſont toutes deux forcées, & l'on peut trouver entr'elles un milieu, ſçavoir cette troiſiéme
Propoſition que les Logiciens nomment *fal-*
ſifiante : *Le temps eſt paſſable :* ainſi le
temps n'eſt ni beau ni affreux, & les deux
contraires ſe trouvent fauſſes. Combien de
perſonnes font ſur cet article des fautes im-

pardonnables, non seulement dans les conversations familières & les disputes académiques, mais même dans le commerce civil & la pratique ordinaire de la vie !

Remarquons, pour terminer ce Chapitre, 1o. que le mot d'une Langue qui exprime une idée s'appelle en Logique un *Terme*, & que, par conséquent, il y a trois termes dans toute Proposition ; l'idée du *Sujet*, l'idée de l'*Attribut*, & le *Rapport* de l'un à l'autre, que l'on exprime par autant de mots : 2o. que l'attribut d'une Proposition affirmative a un sens particulier, & que celui d'une Proposition négative a une signification générale. Ce second article demande un peu plus de détail. Soit donc cette Proposition affirmative, *L'homme est un animal*. Que en est le sens ? Sûrement on ne veut pas dire que l'homme soit un animal quelconque, un cheval, un bœuf, &c. mais qu'il est un animal d'une certaine espéce : l'attribut *animal* est donc pris d'une façon particulière, & sa restriction est sensible. Soit cette autre proposition négative ; *L'homme n'est pas un pierre.* Y auroit-il ici de la reftriction , & voudroit-on dire feulement que l'homme n'eſt pas d'une certaine claffe de pierres ? Non , fans doute ; on prétend avancer qu'il n'eſt aucune pierre poffible, & qu'il ne peut être confondu avec cette fubftance dans aucun genre : l'attribut *pierre* eſt donc exclus du fujet fans réferve , & conféquemment eſt général.

Toutes ces notions paroîtront , peut-être , un peu abftraites & voifines de ce jargon barbare que l'on reproche à la Logique ; mais elles font indifpenfables , & je crois qu'on ne peut les préfenter fous un jour plus pur. Au refte , ce petit facrifice qu'exige l'attention va nous procurer le plaifir de fuivre toutes les régles du *Raifonnement* fans peine , fans dégoût , & fur-tout fans le défagrément ou de fuppofer des conditions inconnues , ou de s'en inſtruire à mefure que l'on avance ; car c'eſt alors marcher à tâtons ou doubler la fatigue pour l'avoir retardée , comme fait un voyageur qui , fans guide & fans carte , ignorant la

route qu'il doit tenir, se voit à chaque pas
obligé de quitter son chemin, pour aller
s'informer de celui qu'il doit prendre.

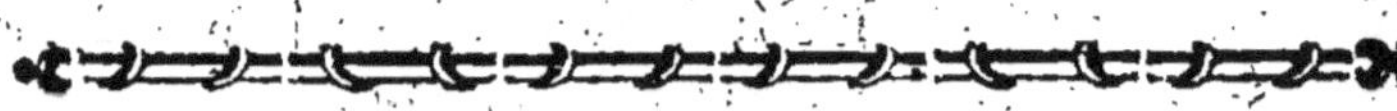

CHAPITRE III.
DU RAISONNEMENT.

DISCOURIR ou *raisonner* sont deux mots
synonymes & l'expression naturelle de la
marche de l'esprit humain. Nous avons des
idées dont la liaison ou l'incompatibilité
forment pour notre ame une première étude
d'où naît le Jugement : mais nos jugemens
peuvent être, comme nous l'avons observé,
vrais ou faux, clairs ou obscurs, bien ou
mal fondés. Ils sont la source de toutes les
vérités aussi bien que de toutes nos erreurs,
& ce n'est qu'en les rapprochant, en les
comparant, que nous découvrons ce qu'ils
ont de commun & ce qu'ils ont de dispa-
rate, ce qu'ils ont de vrai & ce qu'ils
ont de faux ; c'est-là *discourir* ou *raisonner*.

nous *discourons*, puisque nous passons d'un jugement à un autre (*a*); nous *raisonnons*, puisque nous établissons entre nos jugemens un rapport &, comme disent les Géomètres, une *raison* (*b*). Si nos lumières n'étoient bornées; si, à l'exemple de l'Être suprême, nous saisissions d'un coup-d'œil l'ensemble des objets & de leurs propriétés; nous n'aurions point recours à cette marche pénible, à ces comparaisons qui sont une preuve de notre foiblesse; nous ne serions pas forcés de passer d'un terme plus connu à un terme moins connu. Mais notre nature est resserrée par de si étroites limites, que nous n'acquérons aucunes connoissances à moins que nous ne les dégagions les unes des autres, que nous ne les arrachions, en quelque sorte, par l'attention, l'étude & le travail. Nous porterons sur l'étendue des corps une mesure

____

(*a*) Nous passons d'un jugement à un autre, comme nous passerions d'un appartement à un autre appartement pour en voir les communications; ce sens n'est-il pas rendu par le verbe latin *discurrere*, *discourir*, *courir d'une chose à une autre*?
(*b*) *Ratio*, en latin, ne veut-il pas dire *comparaison*, *rapport*, *mesure*?

déterminée , parce que nous n'en pouvons
fixer la grandeur à la seule estimation de
l'œil ; nous mesurons aussi par le raisonnement les objets intellectuels , en les confrontant avec un terme commun & en leur
appliquant des rapports déjà connus.

Cette action de notre ame qui s'appelle
Raisonnement , tant qu'elle est intérieure
& mentale, prend le nom d'*Argumentation*,
dès qu'elle vient à se produire au dehors
par des propositions liées les unes aux autres & disposées dans un certain ordre. Il
est malheureux que les mots d'*Argument*
& d'*Argumentation* , ayent tiré des écoles un
vernis de pédanterie & de verbiage dont
ils sont encore flétris ; c'est l'effet des so-
phismes , des disputes , des ridicules sub-
tilités , des impertinentes chicanes auxquelles
se sont livrés des sots & des ignorans , qui
n'avoient point d'autre moyen pour en imposer à la multitude & se donner la répu-
tation de Philosophes : mais il n'en est pas
moins incontestable que l'*Argumentation*
bien maniée , c'est-à-dire , avec noblesse

avec force, & même avec un feu inſépa-
rable des matières intéreſſantes, eſt un exercice de la plus grande utilité. Comment un
Juriſconſulte pourra-t-il débrouiller le cahos
des Loix & des Coutumes humaines, s'il
ne ſçait argumenter? Comment un Avocat
défendra-t-il une cauſe, s'il ne fait valoir
les droits de ſon client, s'il ne le venge
des accuſations de l'adverſaire, s'il ne dimi-
nue ſes torts, ſi enfin il ne tire parti de
toutes les circonſtances pour faire triompher
les preuves qu'il établit, ſoit par leur propre
force, ſoit par la foibleſſe de celles qu'on
leur oppoſe? & profitera-t-il de tous ces
moyens s'il ignore l'art de l'Argumentation,
ou ſi jamais il n'y fut exercé? Je ne parle
point de ceux que leur vocation deſtine aux
combats de la Théologie, parce qu'il eſt
conſtant que l'argumentation & même la
connoiſſance de toutes les ſubtilités de la
Méthaphiſique eſt pour eux de première né-
ceſſité. Mais je m'adreſſe à ces jeunes athlètes
que l'amour de la gloire entraîne vers le
barreau, & qu'une noble émulation porte à

développer dans cette brillante carrière tous
les talens dont les a pourvus la nature ; je
m'adreſſe à ces victimes volontaires du travail & de l'ennui, qui, ſans défendre par
leur éloquence les droits de leurs concitoyens,
ſe confinent & s'enſéveliſſent pour les étudier & les éclaircir, dans un obſcur cabi-
net que tout homme pacifique peut, avec
raiſon, appeller l'*antre ténébreux de la
Chicane.* J'oſe leur reprocher une coupable
négligence & leur dire les triſtes vérités que
dix ans d'expérience m'ont appriſes. Oui,
mille fois j'ai gémi de voir un jeune homme
s'élancer de la claſſe de Rhétorique dans
le ſanctuaire de la Juſtice ou dans l'étude
d'un Juriſconſulte, ſans autre reſſource que
plus ou moins d'eſprit naturel, que plus
ou moins de rectitude dans le jugement &
de cette pénétration que demandent les
affaires civiles pour être traitées avec une
certaine routine, une eſpéce d'habitude &
d'inſtinct aujourd'hui très-ordinaires. Il ré-
doute, diſons mieux, il mépriſe ce qu'on
appelle *Philoſophie* ; quelques mauvais ſarcaſ-
mes

mes fortis de la bouche d'un faux bel-efprit, d'un froid plaifant, font des oracles qu'il fe plaît à répéter, & qui décident du fort d'une fcience qu'il n'entend point. Il eft trop heureux de la laiffer dans le fond du Collége dont il vient de s'échapper ; il va déformais employer à de précieufes lectures les rapides loifirs qu'il pourra dérober aux importunes follicitations de fes cliens : les livres le formeront affez ; fes réflexions lui en apprendront plus que tous les fyllogifmes de la Logique ; eh ! d'ailleurs, les conver-fations ? Rien n'eft fi inftructif. Sans doute, voilà le langage de la pareffe, de l'igno-rance & de la futilité ; voilà comme l'on tronque une éducation ; voilà comme des hommes dont on pouvoit efpérer de grandes chofes, ne font formés qu'à demi & reftent toute leur vie dans une médiocrité qui ne peut fe pallier que par les richeffes ; car enfin, que peut répondre notre jeune Maître ès loix & coutumes aux queftions qu'on va lui faire ? Les Mémoires que vous êtes chargé de rédiger demandent-ils les ornemens de

l'éloquence, les charmes du style & les
grandes images de nos Poëtes & de nos
Orateurs ? Non communément ; & s'il en
étoit besoin, les régles févères du Raisonnement ne seroient sans doute pas inutiles
pour en faire une juste & sage application.
Veulent-ils être traités comme l'étoient les
plaidoyers de Cicéron ? Hélas ! s'il le falloit, comment vous y prendriez vous ? Mais
au moins n'exigent-ils pas de la critique,
de la discussion ? Toutes les circonstances
de temps, de lieu, de personnes qui ca-
ractérisent une action, sont-elles toujours
évidentes ? Les loix sont-elles toujours claires ? En un mot, les questions & de droit
& de fait ne présentent-elles pas des rapports à distinguer, des doutes à lever, les
plus grandes difficultés à résoudre ? Or les
résoudrez-vous ces difficultés, les dissipere-
vous ces doutes, les saisirez vous ces rapports
si vous n'employez toute la rigueur de la
Dialectique ? Et en êtes-vous capable ? Vous
étes-vous exercé à raisonner avec méthode,
à élaguer toutes les conditions inutiles d'

ne font qu'embrouiller une question, à
démêler toutes les conditions essentielles
qui servent à l'éclaircir, à découvrir une
vérité par la fausseté de sa contradictoire,
à dénouer le tissu trompeur d'un sophisme?
Vous auriez cependant tous ces avantages,
si de vains préjugés contre la *Philosophie* des
classes, ou des dégoûts qui tiennent à l'âge
& qu'il falloit vaincre, ne vous eussent
détourné de l'étude & des exercices de l'Argumentation. Vous avez de la pénétration,
mais vous auriez plus d'énergie; vous avez
du jugement, mais vous auriez plus de
justesse; vous auriez corrigé ce luxe qui
vous fait prendre des phrases pour des choses; vous auriez modéré cette abondance
qui vous éloigne de la précision & de la
clarté; vous ne seriez point sec & aride,
mais vous seriez net, exact & sage. Cependant vous n'en êtes encore qu'à vos premières
armes; que sera-ce donc lorsque, con-
noissant tous les détours du labyrinte des
Loix, & familiarisé, par une longue étude,
avec toutes leurs sinuosités, vous prendrez

en main, fur un théâtre éclatant, la défenfe de l'orphelin & de la veuve, de l'innocent & du malheureux? Que fera-ce, quand le bonheur ou le défefpoir d'une famille dépendra de la force de vos raifonnemens, de l'expófition de vos moyens, de la teneur de vos preuves, & de la vigueur de vos conclufions? Que fera-ce enfin, lorfque chargé de ces caufes délicates où le refpect ordonne de venger une partie en ménageant l'autre, vous craindrez, je ne dis pas d'accabler, mais même de bleffer celle dont vous méditerez la condamnation? Quel art ne vous faudra-t-il pas dans des occafions fi critiques! Et penfez-vous que l'heureux fouvenir d'une Logique autrefois bien faite ne vous donnera pas le plus grand avantage? Une profonde connoiffance du Digefte & du Code, vous fournira toutes vos raifons; une bonne Littérature vous aura procuré la pureté du goût, le choix de l'expreffion, le brillant du coloris, la hardieffe des images, j'en conviens; mais ce ne font-là que des matériaux, & il faut fçavoir les em-

ployer. Et si vous ne discernez adroitement
des raisons ; si vous ne prouvez assez, ou
si vous prouvez trop ; si vous êtes élégant,
quand il faudroit que vous fussiez véhément,
même avec des négligences ; si vous prodiguez
les grandes images , quand vous devez être
simple ; si enfin vous n'avez une parfaite
intelligence des à-propos ; serez-vous éloquent ? Ferez-vous sur ceux qui vous écou-
tent l'impression que vous desiriez , & que
sembloient vous promettre vos talens ? Serez-
vous enfin ce célébre avocat dont le nom
fait la terreur ou l'espérance de quiconque
attend ses décisions ? Or quel autre art que
la Logique peut vous donner ce discerne-
ment & cette intelligence ? Je le démon-
trerois , si tout ce que j'ai dit jusqu'ici ,
n'en étoit une preuve évidente.

Je demande pardon de la digression que je
viens de faire, mais je l'ai crue nécessaire ;
& qu'il me soit permis d'ajouter que ce n'est
point seulement à la paresse naturelle des
jeunes gens qu'il faut s'en prendre, mais encore , & peut-être beaucoup plus , à l'incurie

& à la précipitation des peres : car, hélas!
une trifte expérience ne nous le fait que trop
fentir tous les jours. Les uns, foibles & cri-
minellement indifférents, n'exigent de leurs
enfants que la forme & l'apparence de l'é-
ducation, comme fi c'étoit une habitude at-
tachée au rang & à la fortune : les autres
par un égoïfme plus criminel encore & plus
funefte que l'indifférence, ne voyent pas
feulement dans l'éducation un de ces ufages
dont un honnête homme ne peut fe dispenfer,
ils y trouvent une plus grande tranquillité
pour eux & moins *d'embarras dans leur mai-*
fon : d'autres enfin, & c'eft malheureufe-
ment le plus grand nombre, fe plaignent que
les Etudes font *trop longues*, c'eft-à-dire
contraires aux vûes ambitieufes de la fortune, aux honteux calculs de l'intérêt, à tou-
ces vaftes projets d'établiffement fouvent auffi
injuftes que vains & méprifables. » Mon fils
» eft grand, il lui faut un état ; il eft temps
» de le former pour le monde ; il aura, dans
» deux ans, de l'expérience, il connoîtra les
» affaires, il .... Achevez, peres cruels

étouffez de vos propres mains le germe précieux des heureuses dispositions de vos enfants ; détruisez l'ouvrage de leur bonheur &
du vôtre ; mutilez ces jeunes plantes, sur lesquelles la société, votre famille, vous-même,
tout enfin, pouvoit fonder ses espérances ;
anéantissez, par une barbare anticipation,
tous les fruits que devoient faire éclorre quelques années de plus de culture & de soins ;
ou plûtôt rappellez-vous cette terrible leçon
que donnoit DESPRÉAUX à son siécle, &
qui convient bien plus au vôtre :

» . . . . Dans le siécle où nous sommes,
» Est-ce au pied du sçavoir qu'on mésure les hommes?
» Veux-tu voir tous les grands à ta porte courir?
» Dit un pere à son fils dont le poil va fleurir ;
» Prends-moi le bon parti : laisses-là tous les livres.
» Cent francs au denier cinq, combien font ils ? Vingt
       livres.
» C'est bien dit : vas, tu sçais tout ce qu'il faut sçavoir.
» Que de biens, que d'honneurs sur toi s'en vont pleu-
       voir !
» Exerce-toi, mon fils, dans ces hautes sciences.
» Prends, au lieu d'un Platon, le Guidon des Finances.
» . . . .
» Quiconque est riche est tout.

Mais ceſſons de nous élever contre ces abus : ils ſont connus, ils ſont de tous les temps, & nous ne les reformerons point. Revenons donc aux loix de l'Argumentation, & craignons d'en être pris pour de pédants apologiſtes. Ecartons les fâcheuſes acceptions du mot, & ne cherchons que ce qu'il y a dans la choſe d'eſſentiel, de ſolide & de rai-ſonnable ; nous verrons bientôt que la ma-tière eſt du plus grand intérêt, & que, pur-gée du levain qu'y mêla l'ignorance, elle doit fixer toute l'attention d'un jeune Rhétoricien.

Pour la préſenter ſous le point de vûe que demande notre objet, nous diſtinguerons deux ſortes de Raiſonnements ; l'un *Logique*, & l'autre *Oratoire* : l'un, conſidéré dans la ſéchereſſe de ſes régles, dans ſa facture, dans ſon anatomie ; l'autre, revêtu de toutes les parures de l'Éloquence : l'un, préſenté com-me un ſquelette dont les oſſéments ſont fi-dellement rapportés & liés avec exactitude ; l'autre, animé comme un beau corps dont les chairs fraiches & délicates laiſſent entre-voir des muſcles vigoureux, des formes fières,

des

des traits hardis, mais où tout est agréablement fondu dans la douceur des contours &
dans un heureux mêlange des couleurs : en
un mot, nous allons envisager le Raisonnement comme une machine qui, sous des dehors brillants, cache des ressorts qu'il faut
étudier. La Logique en démontre le méchanisme, & la Rhétorique en prépare les dé-
corations.

ESPÈCES, RÉGLES ET FORMES
DU RAISONNEMENT.

Dans quelque Raisonnement que ce soit,
il faut distinguer soigneusement l'*Antécé-*
dent, le *Conséquent*, & la *Conséquence*.
L'Antécédent est le principe que l'on met en
avant, & ce peut être une seule ou plusieurs
Propositions. Le Conséquent est la Proposition que l'on déduit du principe; & la Conséquence est la manière juste ou fausse dont

excellente. D'abord, le Conséquent est faux ; car où se trouve-t-il ? Dans cette Proposition, *La matière peut être heureuse* ; or personne n'ignore que la matière est un être absolument passif, insensible, incapable d'aucune impression spirituelle, & partant d'aucun sentiment du bonheur. Mais la Conséquence est fort bien tirée ; car elle dit que *la matière peut être heureuse*, si, comme le suppose l'Antécédent, elle *pense*. Les affections du bonheur sont l'effet de la pensée ; on accorde la pensée à la matière ; n'est-il pas juste d'en conclure qu'elle peut éprouver le bonheur ? Il est vrai qu'on a tort de supposer la pensée à la matière ; aussi ne peut-elle ressentir aucune impression de félicité, & ce Conséquent *La matière peut être heureuse* se trouve faux.

Un autre exemple non moins frappant va vous faire voir que le Conséquent peut être vrai, quand la Conséquence est fausse.

Pierre est un Animal ; donc il est Homme.

Ici quel est l'Antécédent ou le principe ? C'est

E 2

la Proposition *Pierre est un Animal.* Quel est
le Conséquent ? C'est cette seconde Proposition *il est Homme.* Et la Conséquence ? *Donc
il est Homme :* c'est-à-dire, *De ce qu'il est
Animal, il s'ensuit qu'il est Homme ;* or le
Conséquent *Pierre est Homme,* est essen-
tiellement vrai en soi. Mais est-ce parce qu'il
est *Animal* qu'il est *Homme ?* Nullement. La
Conséquence est donc fausse.

Concluons-en que l'on peut très-bien raisonner en n'avançant que des erreurs, ou
raisonner fort mal en ne proférant que des
vérités incontestables. On raisonne bien, si
toutes les Conséquences que l'on tire éma-
nent du principe que l'on a posé : on raisonne
mal, si, ne dit-on que des Axiomes (*a*), ils
ne sont point des Conséquences, mais autant de vérités isolées & neutres qui n'ont
aucun rapport avec le principe d'où l'on est
parti. L'intérêt, les préjugés, les passions
peuvent aveugler l'esprit le plus solide, &

(*a*) Un *Axiome* est une vérité que personne
conteste, & qui sert de base dans un Discours.

lui faire prendre pour principe évident ce qui n'est qu'un faux point de vûe; & malheureusement, si l'illusion est longue, mieux il raisonnera, plus il soutiendra de faussetés. Il épuisera toutes les Conséquences par sa pénétration; & quoique directes, naturelles, nécessaires, elles seront toutes autant de Propositions absurdes, dangereuses, horribles, selon la nature du principe d'où elles découlent. Un autre prendra pour base une vérité reconnue de tout le monde, mais il n'en verra point la liaison avec ce qu'il ajoute, ou plûtôt il y verra une liaison qui jamais n'y fut; & il ira de proposition en proposition, de sentences en sentences, d'oracles en oracles, sans s'appercevoir que ce n'est point une chaîne dont il parcoure les anneaux. L'impression de vérité, de clarté, d'évidence, dont le frappe ce qu'il soutient, l'anime, l'échauffe, l'enflamme; & il est tout surpris d'entendre à la fin de ses prétendues démonstrations un témoin tranquille, un juge impartial, lui dire: Vous avez bien parlé, mais vous avez mal conclu; vous

avez pris pour cause ce qui ne l'étoit point;
vous n'avez rien prouvé; vous n'avez pas
raisonné.

Que d'hommes, dans tous les états, sont
des raisonneurs impitoyables qui nous accablent de *donc*, de *par conséquent*, en outra-
geant le sens commun & la droite raison !
Ne voyons - nous pas tous les jours de ces
disputeurs furieux, être du même sentiment
& prêts à s'entre-déchirer ? Ils s'attaquent,
sans fixer l'état de la question; ils se battent
avec les premières armes qui se présentent,
ils ne font aucun choix des moyens ; & cette
escrime adroite, qu'on appelle *Forme* de l'Argumentation, ne fait que rendre leur combat plus long, plus opiniâtre & plus cruel :
l'épuisement les sépare, & souvent dans le
repos de la trêve, ils reconnoissent avec confusion qu'un seul mot les eût mis d'accord.
On ne peut trop prévenir les Jeunes-Gens
contre ces abus aussi pernicieux que fréquens
de la Dialectique. Qu'ils s'appliquent donc,
avec tout le soin dont ils sont capables, à
s'assurer, dans leurs raisonnements, de la

bonté du principe qu'ils établissent & de la justesse des conséquences qu'ils en déduisent. Si la conséquence est une suite nécessaire du principe avancé, & si ce qu'elle renferme est faux, c'est une preuve que le principe étoit mauvais; & il faut alors, sans en rougir, revenir sur ses pas : la honte est de s'égarer, & non de corriger ses erreurs.

Munis de ces notions simples & faciles, faisons maintenant l'analyse des différentes espèces de Raisonnement que propose la Logique. On en compte sept, qui sont : l'*Induction*, le *Sorite*, l'*Exemple*, le *Dilemme*, l'*Epichérème*, l'*Enthymème*, & le *Syllogisme*.

DE L'INDUCTION.

LE mot même d'*Induction* annonce la nature de cette première forte de Raisonnement, & indique qu'il faut amener & recueillir plusieurs parties dont on fasse un tout : c'est en effet la structure logique de l'Induction. Elle consiste à rassembler des Propositions singulières, de l'union desquelles résulte une Conclusion générale. Par exemple, veux-je prouver que tout n'est que vanité sur la terre ? Je dirai :

La Santé n'est que vanité,
La Vie n'est que vanité,
La Gloire n'est que vanité,
Les Graces ne font que vanité,
Les Plaisirs ne font que vanité,
Les Richesses ne font que vanité,
Donc Tout n'est que vanité.

On voit toutes les Propositions singulières

concourir à former un ensemble frappant, qui ne peut être terminé que par une Proposition universelle dont la vérité dépend des vérités partielles qui la précédent. C'est une énumération dont l'exactitude fait la perfection du Raisonnement; & l'on n'a droit de conclure en grand, que quand on a rapproché toutes les particularités nécessaires. Mais ici le rapprochement s'est fait d'une manière stricte & séche, telle que l'exige le précepte : voyons donc comment les bons Auteurs sçavent l'embellir & le couvrir de fleurs, sans altérer sa force. C'est ainsi que s'exprime le sublime BOSSUET dans son *Oraison Funèbre de MADAME, Duchesse d'Orléans* :

» Non, après ce que nous venons de voir, la
» santé n'est qu'un nom, la vie n'est qu'un songe,
» la gloire n'est qu'une apparence, les graces & les
» plaisirs ne sont qu'un dangereux amusement : tout
» est vain en nous, excepté le sincère aveu que nous
» faisons devant Dieu de nos vanités, & le juge-
» ment arrêté qui nous fait mépriser tout ce que
» nous sommes «.

Comment prouve-t-il encore, dans son

Oraiſon Funèbre de MARIE - THÉRESE d'Autriche, qu'un vrai Chrétien *meurt tous les jours*, ſelon le langage de l'Apôtre ? Écoutons-le :

>> Un Chrétien n'eſt jamais vivant ſur la terre,
>> parce qu'il y eſt toujours mortifié, & que la
>> mortification eſt un eſſai, un apprentiſſage,
>> un commencement de la mort. Vivons-nous,
>> Chrétiens, vivons - nous ? Cet âge que nous
>> comptons, & où tout ce que nous comptons
>> n'eſt plus à nous, eſt-ce une vie ? & pouvons-
>> nous n'appercevoir pas ce que nous perdons
>> ſans ceſſe, avec les années ? Le repos & la
>> nourriture ne ſont-ils pas de foibles remédes
>> de la continuelle maladie qui nous travaille ?
>> Et celle que nous appellons la dernière, qu'eſt-ce
>> autre choſe, à le bien entendre, qu'un redou-
>> blement & comme le dernier accès du mal
>> que nous apportons en naiſſant ?

Quelle nobleſſe ! quelle force ! Comme tout reſpire la vigueur & la grace dans cette belle *Induction* ! Avec quel art les régles n'y ſont elles pas cachées ! Eſſayons de les reconnoître, & nous en ſerons con-

vaincus. Nous dirions avec la rigueur logique :

> Un Chrétien se mortifie tous les jours, & c'est
> mourir ;
> Un Chrétien voit tous les jours que tout ce qu'il
> compte n'est plus à lui, & c'est mourir ;
> Un Chrétien sent tous les jours ce qu'il perd avec
> les années, & c'est mourir ;
> Un Chrétien est dans une maladie continuelle, &
> c'est tous les jours mourir ;
> Un Chrétien ne termine sa vie que par un redou-
> blement du mal qu'il apporte en naissant, &
> c'est tous les jours être mort ;
> Donc un Chrétien meurt tous les jours.

Le Raisonnement est sans doute le même,
mais quelle différence dans la couleur !

BOILEAU se sert aussi d'une charmante
Induction, pour montrer que son siécle (&
c'est bien le siécle de tous les temps) abonde
en sots admirateurs de sots ouvrages :

> . . . . Ainsi qu'en sots auteurs,
> Notre siécle est fertile en sots admirateurs ;
> Et sans ceux que fournit la Ville & la Province,
> Il en est chez le Duc, il en est chez le Prince :

» L'Ouvrage le plus plat a chez les Courtifans
» De tout temps rencontré de zélés partifans;
» Et pour finir enfin par un trait de Satyre,
» Un fot trouve toujours un plus fot qui l'admire.
Art Poët. ch. I.

Un Logicien eût dit en profe, & avec moins de délicateffe :

Il y a de fots admirateurs dans les Provinces,
Il y a de fots admirateurs dans les villes,
Il y a de fots admirateurs chez les Ducs,
Il y a de fots admirateurs chez les Princes,
Il y a de fots admirateurs chez les Courtifans,
Il y a de fots admirateurs des ouvrages les plus plats,
Donc il y a un grand nombre de fots admirateurs.

Enfin, peut-on defirer quelque chofe de plus jufte, & de plus gracieux en même temps, que les deux *Inductions* dont fe fert le naïf, l'inimitable LA FONTAINE dans fa Fable de *la Laitière* & du *Pot au lait* ?

» Notre Laitière, ainfi trouffée,
» Comptoit déjà dans fa penfée
» Tout le prix de fon lait, en employoit l'argent,
» Achetoit un cent d'œufs, faifoit triple couvée :
» La chofe alloit à bien par fon foin diligent.

» Il m'est, difoit-elle, facile
» D'élever des Poulets autour de ma maifon :
    » Le Renard fera bien habile
» S'il ne m'en laiffe affez pour avoir un Cochon.
» Le Porc à s'engraiffer coûtera peu de fon :
» Il étoit, quand je l'eus, de groffeur raifonnable ;
» J'aurai, le revendant, de l'argent bel & bon :
» Et qui m'empêchera de mettre en notre étable,
» Vû le prix dont il eft, une vache & fon veau,
» Que je verrai fauter au milieu du troupeau ?

Que ce charmant calcul de Perrette eft bien compofé de tous les articles que peut compter une Ménagère intelligente ! Comme ils y font amenés ! Je me garde bien d'en faire la paraphrafe logique ; ce feroit mettre en mauvaife profe ce que la Poëfie a de plus piquant & de plus enchanteur : on y faifit d'ailleurs, avec la plus grande facilité, tous les membres du Raifonnement. Paffons donc à la feconde *Induction*, qui eft l'application morale de la première :

    » Quel efprit ne bat la campagne ?
    » Qui ne fait châteaux en Efpagne ?
» Pichrocole, Pyrrhus, la Laitière, enfin tous,
    Autant les fages que les fous.

» Chacun fonge en veillant, il n'eſt rien de plus doux
» Une flatteuſe erreur emporte alors nos ames :
   » Tout le bien du monde eſt à nous,
   » Tous les honneurs, toutes les femmes.
» Quand je ſuis ſeul, je fais au plus brave un défi :
» Je m'écarte, je vais détrôner le Sophi :
   » On m'élit Roi, mon peuple m'aime :
» Les diadêmes vont ſur ma tête pleuvant.
» Quelqu'accident fait-il que je rentre en moi-même !
   » Je ſuis Gros-Jean comme devant.

Fut-il jamais aſſemblage plus agréable &
plus naturel de tous ces jeux de l'imagination, de tous ces chimériques projets de fortune ſi heureuſement exprimés par ce Pro-
verbe, *Qui ne fait Châteaux en Eſpagne ?*

L'*Induction*, comme nous l'avons déjà obſervé, n'eſt bonne qu'autant que l'énumération eſt exacte ; & ſi l'on veut que la Concluſion ſoit rigoureuſement générale, toutes
les Propoſitions qui l'enfantent doivent être
ſcrupuleuſement raſſemblées. Ainſi je ferois
un mauvais Raiſonnement & ne pourrois
rien conclure, ſi je voulois prouver que *tous
les Peuples de la terre ſont blancs* par un
dénombrement très-étendu des différentes

Nations, mais dans lequel je ne ferois point entrer les *Ethiopiens* qui font noirs : cette feule exception renverferoit toute ma preuve, & ma longue lifte deviendroit inutile & ridicule.

DU SORITE.

LE *Sorite* eft un enchainement de Propofitions tellement liées les unes avec les autres, que l'attribut de la première devient le fujet de la feconde, l'attribut de la feconde paffe en fujet de la troifiéme, & ainfi de fuite jufqu'à la dernière qui eft la Conclufion, & avec l'attribut de laquelle on ramene le fujet de la première. On appelle encore ce Raifonnement *Gradation*, parce que, comme la fin de chaque Propofition eft le commencement de la fuivante, on y a vû, pour ainfi dire, la marche d'un efcalier où la fin d'un dégré eft l'origine de l'autre. Hâtons-nous d'en rendre la conftruction fenfible par des exemples.

Les *Avares* sont pleins de desirs ;

Ceux qui sont pleins de desirs sont privés de beaucoup de choses ;

Ceux qui sont privés de beaucoup de choses sont malheureux ;

Donc les *Avares* sont malheureux.

Voilà bien ce que l'on appélle un *Sorite* : or toutes les Propositions n'y sont-elles pas liées comme nous l'avons annoncé ? L'attribut *pleins de desirs* devient le sujet de la Proposition suivante, aussi - bien que l'attribut *privé de beaucoup de choses* ; & le sujet de la dernière est le même que celui de la première, c'est-à-dire, *Avares*. La raison de cet enchainement est on ne peut plus naturelle ; car quel est mon but ? C'est de prouver que *les Avares sont malheureux* : or, pour cet effet, je considére les Avares comme *remplis de desirs*. Puis-je en conclure immédiatement qu'ils sont misérables ? Non ; alors j'examine ce que c'est que d'être *remplis de desirs*, & je trouve que c'est être dans des *privations perpétuelles*. Ai-je droit d'énoncer dans ma conséquence le *malheur* des Avares ? Pas encore.

Que

Que me reste-t-il donc à faire ? C'est de voir si les *privations* de ce que l'on desire peuvent rendre malheureux. J'y découvre effectivement une cause de *misère* ; & revenant aux *Avares*, je concluds qu'ils sont *malheureux*.

Cette sorte de Raisonnement s'employe souvent dans les Mathématiques, parce que les vérités géométriques demandent une pareille liaison ; mais il est assez rare que les Orateurs s'en servent. Peut-être craint-on qu'il ne donne, sur-tout quand il est long, quelque chose de traînant & de monotone au style. Aussi M. DE FENELON nous présente-t-il, dans son *Télémaque*, sous une forme plus libre & plus vive, l'idée du Sorite qui vient d'être pris pour exemple. Il dit, en parlant de Pigmalion, *Liv. I.*

» Tout l'agite, l'inquiéte, le ronge ; il a peur » de son ombre ; il ne dort ni nuit ni jour. Les » Dieux, pour le confondre, l'accablent de tré- » sors dont il n'ose jouir. Ce qu'il cherche pour » être heureux, est précisément ce qui l'empêche » de l'être. Il regrette tout ce qu'il donne, &

F

›› craint toujours de perdre. Il fe tourmente pour
›› gagner.

Cependant le même Auteur fe fert d'un
Sorite auffi jufte qu'élégant, pour faire voir
que le luxe corrompt tous les ordres d'un
état.

›› Il répand, dit-il entre autres belles réfle-
›› xions, fa contagion jufqu'aux derniers de la
›› lie du peuple. Les proches parens du Roi veu-
›› lent imiter fa magnificence ; les Grands, celle
›› des Parens du Roi : les gens médiocres veulent
›› égaler les Grands : car qui eft-ce qui fe fait
›› juftice ? Les petits veulent paffer pour médio-
›› cres. TELEM. *liv.* X.

J'ai dit que c'étoit un Sorite auffi jufte
qu'élégant, quoiqu'au premier coup-d'œil
on n'y trouve aucunement la nature du
Sorite ; car d'après les régles établies, les
attributs doivent devenir *fujets*, & au contraire ici, ce font les *fujets* qui deviennent
attributs : mais avec un peu de réflexion
on s'apperçoit bien-tôt que c'eft un Sorite
renverfé, qu'il eft fort aifé de rendre direct

en commençant par la fin. En effet, si nous disons :

> Les petits veulent passer pour médiocres :
> Les gens médiocres veulent égaler les grands ;
> Les grands veulent imiter la magnificence des
>   parens du Roi ;
> Les parens du Roi, celle du Roi même :
> Donc, &c.

Nous aurons un Sorite dans la forme la plus rigoureuse, en conservant les pensées & les expressions de l'Auteur, & nous en conclurons : *Donc depuis les derniers de la lie du peuple jusqu'au thrône, tout est empoisonné par le luxe* ; ce qui n'est autre chose que ce que nous lisons à la tête du Raisonnement ; *Le luxe répand sa contagion jusqu'aux derniers de la lie du peuple.*

Le Sorite, pour être bon, ne doit rien contenir d'équivoque ou de confus : car si quelqu'une des propositions offre un sens double ou mal déterminé, elle devient un principe frauduleux qui rompt la transition : or dès que la transition vient à manquer, la gradation n'a plus lieu, & l'argument est faux. C'est par cette raison, que le Sorite suivant si rebattu dans les écoles, est tout-à-fait ridicule :

Celui qui est yvre, dort bien :
Celui qui dort bien, ne pense point au mal :
Celui qui ne pense point au mal, n'offense point Dieu :
Celui qui n'offense point Dieu, sera sauvé :
Donc celui qui est yvre sera sauvé.

Il ne faut pas beaucoup d'attention pour voir que la première proposition *Celui qui est yvre dort bien*, est un principe équivoque & trompeur : car si un des effets de l'yvresse est de bien faire dormir, elle en a mille autres qui sont dangéreux, funestes, impardonnables, & qui cependant sont cachés dans l'argument, par une réticence grossière d'où procédent l'inutilité de tout ce qui suit & la fausseté de la Conséquence.

DE L'EXEMPLE.

CE Raisonnement est si familier & si connu, que l'on pourroit presque se dispenser d'en parler : c'est, en Logique, un Argument dans lequel d'une Proposition singulière on déduit une autre Proposition singulière. On peut le présenter sous trois faces, qui lui font donner trois dénominations différentes ; c'est-à-dire, la Conclusion est fondée tantôt sur une parité ou ressemblance, tantôt sur une opposition ou dissimilitude, d'autres fois sur un droit que le principe avancé rend plus fort ; & selon les trois cas, l'Argument de l'*Exemple* s'appelle en latin *à pari*, *à contrario*, *à fortiori* : les expressions françoises sont donc pareillement, *par la raison des contraires*, *à plus forte raison*.

Ainſi ce Raiſonnement :

Dieu pardonna autrefois à David à cauſe de
    ſon repentir :
Donc il vous pardonnera *auſſi* quand vous vous
    repentirez.

eſt un exemple *à pari*, & tiré de la ſimi-
litude des circonſtances.

Cet autre eſt pris de la raiſon des contraires :

L'oiſiveté eſt la mere des vices :
Donc, *par la raiſon des contraires*, l'application
    & l'étude en ſont le reméde & le préſervatif.

Ce troiſiéme eſt fondé ſur la raiſon d'un
droit plus fort :

Les Infidèles pratiquent la vertu :
Donc, *à plus forte raiſon*, doit elle être cultivée
    par les Chrétiens.

BOILEAU, pour prouver que la véritable
nobleſſe n'eſt que dans la vertu, & que, ſans
la vertu, les titres les plus pompeux, les plus
éclatantes généalogies, ne ſont qu'une ſotte

& misérable vanité, dit dans sa cinquiéme
Satyre :

On fait cas d'un Courfier qui, fier & plein de cœur,
Fait paroître en courant sa bouillante vigueur ;
Qui jamais ne se lasse, & qui dans la carrière
S'est couvert mille fois d'une noble poussière :
Mais la postérité d'Alfane & de Bayard,
Quand ce n'est qu'une rosse, est vendue au hasard,
Sans respect des aïeux dont elle est descendue,
Et va potter la malle ou tirer la charrue.
Pourquoi donc voulez-vous que, par un sot abus,
Chacun respecte en vous un honneur qui n'est plus ?
On ne m'éblouit point d'une apparence vaine :
La vertu d'un grand cœur est la marque certaine.

Nous reconnoissons aisément dans ces vers
Exemple à pari : le Poëte ne l'a point dé-
guisé :

*Vne Rosse est sans mérite, quoiqu'elle descende des
nobles Courfiers Alfane & Bayard ;
Donc pareillement vous êtes méprisable, vous qui
n'avez que le nom des héros que vous comptez
dans votre famille.*

Continuons, nous trouverons dans la mê-

me Satyre, & dans les Vers qui suivent immédiatement, l'Exemple *à contrario.*

›› Si vous êtes sorti de ces héros fameux,
›› Montrez-nous cette ardeur qu'on vit briller en eux,
›› Ce zèle pour l'honneur, cette horreur pour le vice.
›› Respectez-vous les loix ? Fuyez-vous l'injustice ?
›› Sçavez-vous pour la gloire oublier le repos,
›› Et dormir en plein champ le harnois sur le dos?
›› Je vous connois pour noble à ces illustres marques.
›› Alors, soyez issu des plus fameux Monarques ;
›› Venez de mille aïeux ; & si ce n'est assez,
›› Feuilletez à loisir tous les siécles passés ;
›› Voyez de quel guerrier il vous plaît de descendre ;
›› Choisissez de César, d'Achille ou d'Alexandre.
›› En vain un faux censeur voudroit vous démentir,
›› Et si vous n'en sortez, vous en devez sortir.
›› Mais fussiez-vous issu d'Hercule en droite ligne ?
›› Si vous ne faites voir qu'une bassesse indigne,
›› Ce long amas d'aïeux que vous diffamez tous,
›› Sont autant de témoins qui parlent contre vous
›› Et tout ce grand éclat de leur gloire ternie,
›› Ne sert plus que de jour à votre ignominie.

L'Argument n'est il pas dans la plus grand
exactitude ?

Si vous êtes juste, vertueux & brave, vous sorte

ou vous méritez de sortir du sang le plus pur &
le plus noble ; mais, par la raison des contraires,
si vous déshonorez le sang illustre qui coule dans
vos veines, vous n'êtes plus qu'un honteux reje-
ton d'une tige diffamée.

LA FONTAINE nous fournit l'Exemple
à fortiori dans sa Fable du mal-Marié. Ce
malheureux époux rappelle sa moitié qué-
relleuse de la campagne où, pour la corriger,
il l'avoit envoyée avec certaines Philis qui
gardent les dindons, avec les gardeurs de
cochons. Elle se plaint à son retour de s'être
attiré la haine de tous ces gens si peu soi-
gneux, & le mari lui répond que si ceux
qui ne demeurent qu'un moment avec elle,
sont déjà fatigués de la voir ; à plus forte
raison, un époux & des valets que sans
cesse elle tourmente, ne peuvent supporter
sa présence.

h ! Madame, reprit son époux tout-à-l'heure,
» Si votre esprit est si hargneux
» Que le monde qui ne demeure
Qu'un moment avec vous, & ne revient qu'au soir,
» Est déjà lassé de vous voir ;

G

» Que feront des valets, qui toute la journée
    » Vous verront contr'eux déchaînée ?
    » Et que pourra faire un époux
» Que vous voulez qui soit jour & nuit avec vous ?

Le défaut de l'Exemple est toujours dans la fausseté des rapports, ce qui fait que l'on dit vulgairement : *Cette comparaison cloche* ; & c'est le vice de la plûpart des comparaisons. Elles sont quelquefois très-justes, mais basses & triviales ; & si elles sont admises, ce n'est que dans la conversation familière qui, sans les droits que lui donne l'indulgence, deviendroit gênante & souvent affectée : mais il faut scrupuleusement les éviter dans tous les ouvrages qui demandent de la noblesse & de la pureté. Il n'est pas ordinaire de réunir l'exactitude & justesse avec l'élévation & la grace, comme l'a fait BOSSUET dans la comparaison suivante tirée de son *Oraison funèbre de Reine d'Angleterre*, où il dit :

    » Comme une colonne dont la masse solide
  » roît le plus ferme soutien d'un temple ruiné

» lorfque ce grand édifice qu'elle foutenoit fond
» fur elle fans l'abbattre : Ainfi la Reine fe mon-
» tre le ferme foutien de l'État, lorfqu'après en
» avoir long-temps porté le faix, elle n'eft pas
» même courbée fous fa chûte.

Le touchant FÉNELON s'exprime auffi
d'une manière bien éloquente, quand il
compare à la fureur d'un lion d'Affrique
la valeur de *Mentor* combattant pour *Acefte*.

» Sa cuiraffe reffembloit dans le combat à l'im-
» mortelle égide : la mort couroit de rang en
» rang par-tout fous fes coups : Semblable à un
» lion de Numidie que la cruelle faim dévore &
» qui entre dans un troupeau de foibles brébis,
» il déchire, il égorge, il nage dans le fang;
» & les Bergers, loin de fécourir le troupeau,
» fuyent tremblans pour fe dérober à fa fureur.

TELEM. *Liv.* I.

M. DE VOLTAIRE, dans le Chant VIII
de *la Henriade*, nous donne en fort beaux
vers, mais dans un fens oppofé, la même
comparaifon :

» D'Aumale, en l'écoutant, pleure & frémit de rage;
  » Cet ordre qu'il déteste, il va l'exécuter :
» Semblable au fier lion qu'un Maure a sçu dompter,
  » Qui docile à son maître, à tout autre terrible,
» Le suit d'un air affreux, le flatte en rugissant,
  » Et semble ménacer, même en obéissant.

Enfin rien n'est plus aimable que cet exemple dont se sert BOILEAU, pour commencer le II Chant de son *Art Poétique*.

» Telle qu'une Bergère, au plus beau jour de Fête,
» De superbes rubis ne charge point sa tête,
» Et sans mêler à l'or l'éclat des diamans,
» Cueille en un champ voisin ses plus beaux ornemens,
» Telle aimable en son air, mais humble dans son style,
» Doit éclater, sans pompe, une élégante Idylle.

Nous ne finirions jamais, si nous voulions rapporter tous les exemples que nous offrent les meilleurs Auteurs; mais ce seroit prendre une peine inutile, parce que cette espèce de Raisonnement est celle qui souffre le moins de difficulté.

DU DILEMME.

PEUT-ON presser plus vivement un homme qui craindroit de s'expliquer, qu'en le forçant de répondre *oui* ou *non* ? Peut-on plus l'embarrasser, qu'en lui prouvant que, quoi qu'il dise, il est coupable ? Or voilà précisément la nature du *Dilemme*. Cet Argument propose deux partis ; il faut choisir ; & de quelque côté que l'on veuille s'échapper, on est battu : aussi les Logiciens l'ont-ils appelé *Argument cornu*, parce que ses Propositions sont comme deux cornes, qui frappent à droite & à gauche. Tel est le Dilemme que fait BOILEAU sur l'Amour de Dieu, dans son Épître XII. *à M. l'Abbé Renaudot:*

Docteurs, dites-moi donc, quand nous sommes absous,
Le Saint-Esprit est-il ou n'est-il pas en nous ?
S'il est en nous, peut-il, n'étant qu'amour lui même,

» Ne nous échauffer point de son amour suprême ?
» Et s'il n'est pas en nous, Satan toujours vainqueur
» Ne demeure-t-il pas maître de notre cœur ?

Un Logicien, en démontrant ses règles, ou un Théologien en disputant sur les bancs, n'eût point donné à ce Raisonnement une forme plus rigoureuse que n'a fait ici le Poëte. Les deux Propositions qui constituent la nature du Dilemme, y sont nettes & saillantes : *Ou le Saint-Esprit est en nous, ou le Saint-Esprit n'est pas en nous* ; point de milieu ; le *oui* ou le *non*.

M. DE FENELON se sert aussi dans son *Télémaque*, en plusieurs endroits, de Dilemmes très-justes & très-naturels :

» Oh ! que les Rois sont à plaindre ! dit-il en
» faisant parler Philoclès, *Liv. VI.* Oh ! que ceux
» qui les servent sont dignes de compassion ! S'il
» sont méchans, combien font-ils souffrir les hom-
» mes, & quels tourments leur sont préparés dans
» le noir tartare ! S'ils sont bons, quelles difficulté
» n'ont-ils pas à vaincre ? quels piéges à éviter
» que de maux à souffrir !

La même pensée se représente au *Livre VIII*, lorsque Télémaque descendu aux Enfers écoute les sages leçons d'Arcésius son bisaïeul :

» Quand elle est prise (la Royauté), disoit-il,
» pour se contenter soi-même, c'est une monstrueuse
» tyrannie : quand elle est prise pour remplir ses
» devoirs & pour conduire un peuple innombra-
» ble, comme un pere conduit ses enfans ; c'est
» une servitude accablante, qui demande un cou-
» rage & une patience héroïques.

Ainsi, de quelque côté que l'on envisage la condition des Rois, elle est triste & mal-heureuse :

Ou ils sont bons, ou ils sont méchants. S'ils sont bons, que de fatigues, que de peines n'ont-ils pas à supporter ! S'ils sont méchants, que le compte qu'ils ont à rendre est terrible ! Donc, &c.

Telle est la substance du premier Dilemme. Le second n'est pas moins concluant, & se réduit à ce qui suit :

Ou ils prennent la Royauté pour se contenter eux-

mêmes, & dans ce cas ils ne font que de coupables tyrans : ou ils prennent la Royauté pour en remplir les devoirs, & alors ils ne font que de malheureux efclaves : Donc, &c.

Mentor, au *Livre V*, raifonne de la même manière, quand il donne au Fils d'Ulyffe les préceptes dont il a befoin pour fe bien conduire avec les Rois alliés dans la guerre contre les Dauniens :

» Enfin, dit-il, n'écoutez jamais des difcours
» par lefquels on voudra exciter votre défiance
» ou votre jaloufie contre les autres chefs. Par-
» lez leur avec confiance & ingénuité. Si vous
» croyez qu'ils ayent manqué à votre égard, ou-
» vrez-leur votre cœur, expliquez-leur toutes vos
» raifons : s'ils font capables de fentir la nobleffe
» de cette conduite, vous les charmerez & vous
» tirerez d'eux tout ce que vous avez droit d'en
» attendre. Si au contraire ils ne font pas affez
» raifonnables pour entrer dans vos fentimens,
» vous ferez inftruit par vous-même de ce qu'
» y aura en eux d'injufte à fouffrir ; vous pren-
» drez vos mefures pour ne plus vous commettre
» jufqu'à ce que la guerre finiffe, & vous n'au-
» rez rien à vous reprocher.

Le Dilemme n'est pas tout le texte que nous citons, mais il commence à ces mots, *s'ils sont capables, &c.* : car Mentor y propose à Télémaque deux moyens de se rendre irréprochable ; & l'un ou l'autre, sans milieu, doit le faire triompher :

Ou ils sont capables de sentir la noblesse de cette conduite, ou ils n'en sont pas capables. S'ils en sont capables, vous les charmerez, & vous tirerez d'eux tout ce que vous avez droit d'en attendre : s'ils n'en sont pas capables, vous serez instruit par vousmême de ce qu'il y aura en eux d'injuste à souffrir : vous prendrez vos mesures pour, &c. Donc, dans l'un & l'autre cas, vous êtes exempt de tout reproche.

Voilà, sans rien changer, le vrai sens & la tournure logique de ce Raisonnement de M. DE FENELON. Il en est de lui comme des précédents, & en général comme de tous ceux que nous pourrions rapporter ; c'est-à-dire, que sa forme dialectique est très-peu différente du tour oratoire, & la raison en est sensible. Un Dilemme, quelques graces

qu'il puisse emprunter du style, est toujours
fondé sur deux Propositions pressantes qui
demandent le *oui* ou le *non* : or de pareilles
Propositions ne peuvent s'exprimer qu'avec
une certaine rigueur qui les rapproche né-
cessairement de la précision des préceptes.

Quand je dis que le Dilemme est toujours
fondé sur deux Propositions pressantes, j'entends un bon Dilemme, & je ne parle que
de sa nature. Mais il n'est que trop ordinaire, & surtout dans la chaleur des disputes, de voir cet argument sans justesse & sans
force : alors c'est une arme qui se tourne contre celui qui s'en sert, & elle devient d'autant plus dangereuse, que c'est l'adversaire
lui-même qui la repousse. On peut l'appeler
une épée à deux tranchants, qui, adroitement détournée, coupe la main d'où devoient partir ses coups. En effet, trouve-t-on
un milieu entre les deux divisions menaçan-
tes du Dilemme ? Elles sont fausses, comme
nous avons vû que l'étoient deux Propositions contraires ; & elles deviennent semblables à deux batteries mal dirigées, que l'ar-

née ennemie par un léger mouvement fçait rendre inutiles, & qu'enfuite elle pointe contre leurs propres maîtres. Ont-elles des réticences captieufes, des preuves foibles ou équivoques ? Elles ne font qu'un piége préparé pour la perte de fon auteur. Quelques exemples nous en convaincront mieux.

Un ancien Philofophe prétendoit démontrer qu'on ne devoit point fe charger du gouvernement de la République, & il difoit :

» Ou vous agirez bien, ou vous agirez mal.
» Si vous agiffez bien, vous offenferez les hommes ;
» Si vous agiffez mal, vous irriterez les Dieux :
» Ne vous chargez donc point d'une fonction fi périlleufe.

Qu'avoit-on à lui répondre ? Qu'il y avoit dans fon Dilemme une reticence infidieufe qui en faifoit toute la foibleffe. Et quelle étoit cette reticence ? Que *s'il eft fâcheux d'offenfer les Dieux ou les hommes, il n'eft point fâcheux d'offenfer les hommes, quand on ne peut l'éviter qu'en offenfant les Dieux.*

Un autre, pour prouver qu'il ne falloit point se marier, raisonnoit ainsi :

» Ou la femme qu'on épouse est belle, ou elle est laide.
» Si elle est belle, elle donne de la jalousie ;
» Si elle est laide, elle déplaît :
» Donc il ne faut pas se marier.

Mais n'y auroit-il pas un milieu ? N'y auroit-il pas une mauvaise réticence ? Oui, sans contredit ; & loin d'être dissuadé, un époux futur pouvoit répondre :

La femme que je prendrai, ne sera ni assez belle pour me causer de la jalousie, ni assez laide pour me déplaire :

ou bien encore :

Une femme peut être belle sans exciter la jalousie, parce qu'elle peut être aussi sage & aussi vertueuse qu'elle est belle ; comme elle peut être laide sans déplaire à son mari, si elle réunit d'heureuses qualités de l'esprit & du cœur.

D'autres enfin vouloient, par le Dilem-

suivant, persuader qu'il étoit ridicule de craindre la mort :

» Ou notre ame, disoient-ils, périt avec le corps, ou elle lui survit.

» Si elle périt avec le corps, nous serons anéantis, & par-là même nous ne pouvons redouter aucun mal :

» Si elle survit au corps, elle sera plus heureuse que quand elle lui étoit unie.

» Donc la mort n'est point à redouter.

Eh ! qui leur avoit dit que l'ame, en survivant au corps, ne seroit que plus heureuse ? Comme si l'on ne pouvoit concevoir un troisiéme état, où, n'étant ni plus *heureuse* ni *anéantie*, elle soit livrée à la douleur & aux tourmens !

Il est donc essentiel, & nous devons le conclure de tout ce que nous venons de dire, employer dans un Dilemme des Propositions exactement opposées, & de les étayer de preuves justes & nerveuses.

DE L'ÉPICHERÊME.

L'HOMME est naturellement curieux &
impatient. S'il aime la vérité, il veut la con
noître auffi-tôt qu'il la cherche : la difcuffion
le gêne, l'étude le rebute, le travail le dé
goûte ; un fonds de pareffe acheve de lui pein
dre comme fatiguant, comme inutile, com
me ridicule, tout ce qui lui paroît étrange
à fes intérêts. Faut-il exciter fon ambition
fon avarice, fa vanité ? Il eft tout de feu
rien ne lui femble difficile ; les preuves fon
frappantes, les conclufions évidentes, tou
eft démonftration. Mais eft-il queftion d
combattre fes préjugés, de redreffer fe
torts, d'arrêter fes fougues, de calmer fe
fureurs, de l'éclairer, de le perfuader, d
le convaincre ? C'eft alors que fa raifon e
lente, que fon imagination eft affoupie
que tout fon efprit eft dans un engourdif

fement d'où l'éloquence feule peut le tirer. Une Induction fcrupuleufe, un Sorite bien enchaîné, des Exemples faillans, des Dilemmes énergiques, des Sentences vigoureufes, voilà sûrement autant de moyens efficaces pour réveiller, pour piquer, pour enflammer fon émulation : mais le plus prompt & le plus propre à fon caractère, c'eft l'*Epichérème*. Ce Raifonnement met fous fes yeux une vérité dans tout fon jour, développe une Propofition avec toutes fes preuves, explique tout ce qui pourroit être obfcur, démontre ce qui fembleroit douteux, & confirme ce qui laifferoit dans l'efprit le moindre fujet de défiance ; en un mot, l'Epichérème, s'il demande de l'attention, n'en exige que pour l'inftant. Il ne laiffe point refroidir par des délais l'impreffion qu'il excite, il n'abandonne point à des réflexions tardives le fujet qu'il propofe ; mais ce qu'il avance, il le démontre auffi-tôt, & il eft l'Analyfe parfaite d'un long difcours : prouvons-le par des exemples.

CICÉRON compofa, pour la défenfe de

Milon, un Plaidoyer plein de force & d'é-
loquence que l'on peut réduire à l'Epichérème
suivant :

„ Il est permis de tuer quiconque nous tend de[s]
„ piéges ; la loi naturelle, le droit des gens, le[s]
„ exemples, tout le prouve :

„ Or Clodius a tendu des piéges à Milon ; se[s]
„ armes, ses soldats, ses manœuvres & autres cir[-]
„ constances, le démontrent :

„ Donc il a été permis à Milon de tuer Clodiu[s].

Les deux premières Propositions de ce Rai[-]
sonnement pourroient paroître hasardées, o[u]
du moins n'être pas assez claires ; mais il n[e]
reste plus de nuage, dès-lors que l'une & l'au[-]
tre est soutenue par des preuves de droit &
de fait.

M. BOSSUET, dans son *Oraïson Funè[bre]
de la Reine d'Angleterre*, expose, par [un]
Epichérème de la plus grande beauté, la [si-]
tuation malheureuse des Catholiques Angl[ois]
au milieu des troubles qui affligeoient al[ors]
la Grande-Bretagne.

» Mais si jamais, s'écrie-t-il, l'on peut dire
» que la voye du Chrétien est étroite, c'est,
» Messieurs, durant les persécutions. Car que
» peut-on imaginer de plus malheureux, que de
» ne pouvoir conserver la foi sans s'exposer au
» supplice, ni sacrifier sans trouble, ni chercher
» Dieu qu'en tremblant ? Tel étoit l'état déplo-
» rable des Catholiques Anglois. L'erreur & la
» nouveauté se faisoient entendre dans toutes les
» chaires, & la Doctrine ancienne, qui, selon
» l'Oracle de l'Evangile, doit *être prêchée jusques*
» *sur les toits*, pouvoit à peine parler à l'oreille ;
» les enfans de Dieu étoient étonnés de ne voir
» plus, ni l'autel, ni le sanctuaire, ni ces tri-
» bunaux de miséricorde qui justifient ceux qui
» s'accusent.

» Otons à ce Raisonnement la majesté du
» style, & n'y voyons que la forme prescrite
» par les règles : qu'avance-t-il ? que prouve-
» t-il ? qu'en doit-on conclure ? Il faut démon-
» trer, & d'une manière frappante, que la Re-
» ligion Catholique étoit en Angleterre dans
» une crise terrible ; or la démonstration en
» est renfermée dans deux Propositions. La pre-
» mière dit : *Les persécutions sont, pour la Re-*

H

ligion un état violent : la preuve ? *Car que peut-on imaginer de plus malheureux que de,* &c. La seconde ajoute : *Or tel étoit l'état de la Religion en Angleterre ;* & la preuve ? *C'est que l'erreur & la nouveauté se faisoient entendre,* &c. Quelle sera la Conséquence ? Peut-on en douter ? Faut-il, pour la tirer, un plus ample examen ? N'est-elle pas la suite naturelle des deux Propositions ? & les preuves qui ont été administrées sur le champ, ne la portent-elles pas au plus haut dégré de l'évidence ? Mais c'est à l'éloquent Orateur qu'il appartient de la développer : aussi dit-il quelques lignes plus bas ?

    » Tout ce que la Religion a de plus saint a été
» en proye. L'Angleterre a tant changé, qu'elle
» ne sçait plus elle-même à quoi s'en tenir ; &
» plus agitée en sa terre & dans ses ports mêmes,
» que l'Océan qui l'environne, elle se voit inon-
» dée par l'effroyable débordement de mille sectes
» bizarres.

Ouvrons le *Télémaque* de M. DE FENE-
LON, & nous y trouverons aussi plusieur

exemples remarquables de l'espèce de Raisonnement dont nous parlons.

Philoclès, déterminé à ne point quitter
l'île de Samos 'd'où le rappelle Idoménée,
représente à Hégésippe, Officier de ce Prince,
la félicité pure qu'il y goûte & dont il ne
peut se priver :

» Voyez - vous, lui répondit Philoclès, cette
» grotte plus propre à cacher des bêtes sauvages
» qu'à être habitée par des hommes ? J'y ai goûté
» depuis tant d'années plus de douceur & de re-
» pos, que dans les palais dorés de l'île de Crête.
» Les Hommes ne me trompent plus, car je ne
» vois plus les Hommes, & je n'entends plus
» leurs discours flatteurs & empoisonnés. Je n'ai
» plus besoin d'eux ; mes mains endurcies au tra-
» vail me donnent facilement la nourriture sim-
» ple qui m'est nécessaire. Il ne me faut, comme
» vous voyez, qu'un étoffe légère pour me cou-
» vrir. N'ayant plus de besoins, jouissant d'un
» calme profond & d'une douce liberté dont la
» sagesse de mes livres m'apprend à faire un bon
» usage, qu'irois - je encore chercher parmi les
» Hommes jaloux, trompeurs & inconstans ? Non,
» non, mon cher Hégésippe, ne m'enviez point
» mon bonheur.   TELEM, *Liv.* VI.

Où trouver, dans cette belle réponse du
Miniftre folitaire, l'Epichérème que nous
cherchons ? Il fe préfente de lui-même :

*Les Hommes ne me trompent plus , car je ne vois
plus les Hommes , &c. Je n'ai plus befoin d'eux , &c.
or n'ayant plus de befoins , &c. je ferois infenfé de re-
tourner parmi les Hommes ; car , jaloux , trompeurs,
& inconftants , ils me replongeroient dans mes mal-
heurs paffés : Donc , &c.*

Mentor, dans le même Livre, fait voir à
Idoménée que les méchants ne font point
des hommes *incapables de faire le bien ; mais
qu'ils le font indifféremment de même que le
mal , quand il peut fervir à leur ambition, &c.*
Voici le Raifonnement :

„ Le mal ne leur coûte rien à faire , parce
„ qu'aucun fentiment de bonté , ni aucun prin-
„ cipe de vertu , ne les retient : mais auffi ils
„ font le bien fans peine , parce que leur cor-
„ ruption les porte à le faire , pour paroître bon,
„ & pour tromper le refte des hommes.

On y diftingue fans difficulté les deux Propofitions fondamentales, *Les méchants font*

le mal, *Les méchants font le bien*, & les
deux preuves annexes qui font de l'effence
de l'Epichérème. La Conclufion eft ce qui
précéde, c'eft-à-dire, la Propofition *Les méchants font indifféremment le bien de même
que le mal, quand il peut fervir à leur ambition.*

Enfin, pouvons-nous voir un Epichérème
plus clair, plus triomphant, que celui qu'employe LA FONTAINE pour faire parler en
Roi, le Lion avec lequel ont fait fociété la
Geniffe, la Chévre & la Brebis, *Fable VI.*

Eux venus, le Lion par fes ongles compta,
   Et dit : Nous fommes quatre à partager la proie;
   Puis en autant de parts le Cerf il dépeça;
   Prit pour lui la première en qualité de Sire :
   Elle doit être à moi, dit-il; & la raifon,
       » C'eft que je m'appelle Lion :
       » A cela l'on n'a rien à dire.
   La feconde par droit me doit échoir encor :
   Ce droit, vous le favez, c'eft le droit du plus fort.
   Comme le plus vaillant, je prétends la troifiéme,
   Et fi quelqu'un de vous touche à la quatriéme,
       » Je l'étranglerai tout d'abord.

Contentons-nous de ces exemples, parce
que sûrement ils ne laiffent aucun doute fur
la nature de l'Epichérème ; mais remarquon
que cette forte d'Argument ne fera légiti-
me, que quand les Propofitions en feron
foutenues par des preuves folides : ainfi je
ferois un Raifonnement faux & horrible
fi je difois :

*Il eft permis de tuer quiconque nous tourmente
car nous fommes tous nés pour chercher notre bonheur : Or mon ami me chagrine & me tourmente fan
ceffe, car fans ceffe il gourmande mes paffions, & m
fatigue par fes remontrances : Donc il m'eft perm
de tuer mon ami.*

Cet autre, fans bleffer les oreilles, fero
le comble du ridicule :

*Il eft honteux d'être avare, car l'argent n'eft fa
que pour être diffipé : Or Pierre eft un avare, car
craint de dépenfer fon bien au jeu, en parties
plaifir & en feftins : Donc Pierre mene une condui
honteufe.*

En un mot, on ne peut rien conclure,

l'on n'a rien prouvé : or l'on ne prouve absolument rien, dès-lors que ce qu'on appelle
preuves eſt faux ou ſans la moindre liaiſon
avec les Propoſitions, comme le font voir
les deux derniers Raiſonnements.

DE L'ENTHYMÈME.

SI l'Homme impatient & pareſſeux a be-
ſoin, comme nous l'avons obſervé, que ſon
attention ſoit ſoutenue par des preuves renfermées dans le Raiſonnement même qu'on
lui propoſe, il veut auſſi avoir quelque
choſe à deviner : ſa vanité en eſt flattée ; il
donne par-là des marques de ſa pénétration,
& paroît ſaiſir à demi mot la penſée de celui
qui lui parle. Il eſt donc naturel que la Logique nous offre une eſpèce d'Argument où
il y ait quelqu'une des parties ſous-enten-
due, & néanmoins facile à ſuppléer. Il y a
plus ; cette reticence n'eſt pas ſeulement

imaginée pour faire honneur à la sagacité d
celui qui nous écoute, mais encore pou
abréger le discours & lui donner plus de
nerf. C'est un laconisme élégant, qui prête
à tout ce que nous disons, de la vivacité, d
la noblesse, & même une certaine fierté qu
fixe l'attention & l'intéresse davantage. Ce
Argument se nomme *Enthymème*, & s'employe très-fréquemment dans les ouvrage
polémiques, dans les discours oratoires, e
général dans tous les écrits. Sa forme est fa
cile à saisir : ce sont deux Propositions don
l'une se nomme l'*Antécédent*, & l'autre
Conséquent. Elles sont l'abrégé d'un Raison
nement composé de trois Propositions,
l'impression qu'elles font dans l'esprit est
même. Ainsi je pourrois dire longuement
n'allant que pas à pas :

Celui qui peut conserver, peut perdre :
Or j'ai pu te conserver :
Donc je te pourrai perdre.

Mais que mon expression est bien plus n
ble, bien plus vigoureuse, bien plus rapid

si, sous-entendant la première Proposition, je dis :

Je t'ai pu conserver, ne puis-je donc te perdre ?

Je dirois, en trois Propositions bien développées :

L'Homme n'est pas immortel :
Or je suis Homme :
Donc je ne suis pas immortel.

mais je veux sous-entendre la seconde, & je dis avec plus d'énergie :

Je suis Homme :
Donc je ne suis pas immortel.

LA FONTAINE, dans son admirable Fable des *Animaux malades de la peste*, termine par le plus gracieux Enthymème, le portrait touchant qu'il fait de ce cruel fléau :

» Ils ne mouroient pas tous, mais tous étoient frappés.
     » On n'en voyoit point d'occupés
» A chercher le soutien d'une mourante vie :
     » Nul mets n'excitoit leur envie.
     » Ni Loups ni Renards n'épioient
     » La douce & l'innocente proie.

I

>> Les-Tourterelles se fuyoient ;
>> *Plus d'amour, partant plus de joie.*

Le dernier vers est l'Enthymème ; comme il est naïf ! comme il est naturel ! Si le Poëte eût dit : *L'amour seul peut causer de la joie ; or les Tourterelles n'avoient plus d'amour, donc elles n'avoient plus de joie ;* qu'il eût été loin de l'heureuse simplicité, de la charmante reticence, avec lesquelles il conclud : *Plus d'amour, partant plus de joie.*

On voit la même expression & la même tournure, quoiqu'il n'y ait pas la même délicatesse, dans la Fable *de l'Homme entre deux âges & ses deux Maîtresses.*

>> Un Homme de moyen âge,
>> Et tirant sur le grison,
>> Jugea qu'il étoit saison
>> De songer au mariage.
>> *Il avoit du comptant,*
>> *Et partant.*
>> *De quoi choisir.*

comme s'il y avoit : *On a droit de choisir quand on a de l'argent ; Or cet Homme avoit de l'argent : Donc il pouvoit choisir.*

Mais où trouver des Enthymèmes mieux
exposés & plus rapprochés des règles, que
dans la Fable *des Souris & du Hibou?* LA
FONTAINE, après avoir conté qu'un Hibou
nourrissoit, dans le tronc d'un vieux Pin,
des Souris auxquelles il coupoit les pattes
pour les empêcher de fuir & s'en repaître
quand il lui plairoit, en conclud, contre le
sentiment de Descartes, que cet oiseau raisonnoit & n'étoit point un automate, une
pure machine à ressorts, & il dit :

     » Si ce n'est pas là raisonner,
     » La chose m'est inconnue.

Puis il ajoute :

     » *Voyez que d'Arguments il fit.*
     » *Quand ce peuple est pris, il s'enfuit :*
» *Donc il faut le croquer, aussi-tôt qu'on le happe.*
» *Tout? Il est impossible. Et puis, pour le besoin*
» *N'en dois-je pas garder? Donc il faut avoir soin*
     » *De le nourrir sans qu'il échappe.*
     » *Mais comment? Otons-lui les pieds.*

Ce peuple s'enfuit dès qu'il est pris : Donc

il faut le croquer dès qu'on le prend ; Premier Enthymème très-exact.

On ne peut tout manger à la fois, & d'ailleurs il en faut garder pour le besoin : Donc il faut le nourrir sans qu'il échappe ; Second Enthymème aussi régulier.

On ne peut le nourrir pour le conserver au besoin, sans lui ôter les moyens de la fuite : Donc il faut lui couper les pieds ; Troisième Enthymème non moins solide, non moins rigoureux que les deux premiers. Et remarquez que les trois ensemble font un Sorite très-bien amené : aussi La Fontaine dit-il dans les trois derniers vers :

» . . . . Or trouvez-moi
» Chose par les humains à sa fin mieux conduite.
» Quel autre art de penser Aristote & sa suite
     » Enseignent-ils par votre foi ?

Nous avons annoncé que l'Enthymème donnoit de l'énergie & de la noblesse au discours ; mais il faut pourtant en faire un usage modéré : car, trop répété, il produiroit de la sécheresse & une certaine âpreté d

style qui se ressentiroit beaucoup de l'Argumentation scholastique. Il est l'arme favo-
rite de tous ceux qui disputent sur les bancs
& qui veulent *serrer* vivement leur adversaire ; mais on sçait qu'ils préfèrent la rigueur à la grace, & qu'ils ne se donnent
point pour des modèles d'élocution. Quoi
qu'il en soit, nous pouvons dire en passant,
que dans beaucoup d'argumentations philosophiques ou théologiques, l'Enthymème ne
paroît pressant & terrible, que parce que la
réticence qu'il suppose n'est pas assez saisie :
la liaison de la Proposition sous-entendue
avec celles que l'on exprime est trop peu
sentie, pour que l'on détermine sur le champ
quelle doit être la conséquence. De-là viennent l'équivoque & l'embarras, sans que
l'Argument en ait plus de vigueur. En général, pour juger de la force ou de la foiblesse,
de la justesse ou de la fausseté d'un Enthymème, il suffit de se rendre familier tout ce
que nous avons dit sur l'*Antécédent*, le *Con-*
séquent & la *Conséquence*. Si d'ailleurs il s'é-
lève le moindre doute, il n'y a qu'à rappel-

ler la Proposition fous-entendue ; & alors ce qui fe trouve de faux ou de confus, paroît au grand jour & fe développe aufli-tôt. Par exemple, on me propofe l'Enthymème fui-vant :

Je doute que j'exifte ; donc que j'exifte.

Ne fuis-je pas fûr de la conféquence, ou la crois-je fauffe ? Un fimple coup-d'œil fur ce qu'il y a de fupprimé fixe tous mes doutes ou me défabufe ; car, en complettant le Rai-fonnement, je vois que *douter de fon exis-tence, c'eft penfer ; penfer, c'eft exifter ;* la conféquence eft donc exacte & l'Enthymème eft jufte.

Me dit-on :

L'Homme eft libre ;
Donc il eft heureux.

Je ne vois pas affez de rapport entre ces deux Propofitions ; j'examine donc aufli-tôt quelle eft la reticence. Je trouve que c'eft cette Propofition : *Quiconque eft libre eft l'artifan de fon bonheur ou de fon malheur ;* ce qui fuffit pour me faire croire que la conféquence est, sinon fausse, au moins fort douteuse; car quoique l'homme puisse être heureux par la liberté, il ne s'ensuit aucunement qu'il le soit.

Souvent l'Enthymème n'est pas complet, ou n'offre point un *Antécédent* & un *Conséquent* séparés ; alors il s'appelle *Sentence Enthymématique* : Telles sont les Sentences suivantes :

> *Mortel, ne garde pas une haine immortelle.*
> *Pécheur, crains les jugemens de ton Dieu.*
> *Chétive créature, de quoi peux-tu t'enorgueillir ?*
> *Homme, souviens-toi que tu n'es que cendre &*
> *poussière.*

Comme si l'on disoit :

> *Quiconque est mortel ne doit pas garder une haine*
> *immortelle : Or tu es mortel : Donc, &c.*
> *Un pécheur doit redouter les jugemens de Dieu :*
> *Or tu es pécheur : Donc, &c.*
> *Une créature foible & méprisable ne doit pas s'en-*
> *orgueillir : Or tu n'es qu'une créature, &c.*
> *Donc, &c.*
> *Un Homme n'est que cendre & poussière : Or tu es*
> *un Homme : Donc, &c.*

ou plus simplement & par Enthymèmes :

Tu n'es qu'un mortel : Donc tu ne dois pas gar-
der une haine immortelle.

& ainsi des autres.

DU SYLLOGISME.

DESTINÉ principalement aux disserta-
tions & aux disputes philosophiques, le *Syl-*
logisme n'a rien de sous-entendu & de caché : il détaille dans trois Propositions tout
ce que conçoit l'ame. Moins saillant & moins
rapide que l'Enthymème, il est plus sûr &
plus exact ; & s'il entre rarement dans la
conversation des hommes, parce qu'il la ral-
lentiroit & lui donneroit le ton de l'Argumentation, il est d'un usage toujours heureux dans les Plaidoyers, dans les Mémoires
& dans les ouvrages polémiques. Mais sans
nous arrêter à vanter son mérite ou à l'

venger de la monotonie qu'on lui reproche, en ce qu'il répéte une Proposition que l'on pourroit aifément fous-entendre, & dont l'expreffion devient ennuyeufe dès-lors qu'elle eft inutile, (c'eft ce qui fait nommer l'Enthymème *Syllogifme tronqué*) voyons quelle eft fa nature & quelles font fes règles : peut-être qu'on lui pardonnera fa lenteur en faveur de fa clatté, de fa nobleffe & de bien d'autres avantages que nous lui découvrirons (a). Il faut bien qu'il foit intéreffant, & même plus intéreffant que les autres Raifonnements, puifque c'eft celui dont les loix font les plus belles, les plus nombreufes, & le plus exactement démontrées. C'eft un des chefs-d'œuvre du grand *Ariftote*, ce vafte & puiffant génie dont les immenfes connoiffan-

---

(a) La *Logique de Port-Royal* ne lui a point rendu cette juftice; & par une exagération que rien ne corrige, elle prétend que *ce qui rend ces fortes d'Argumens fi rares dans la vie des hommes, c'eft que fans même y faire réflexion, on s'éloigne de ce qui ennuye, & l'on fe réduit à ce qui eft précifément néceffaire pour fe faire entendre.*

ces feront toujours, pour les Sçavants, l'objet de la plus profonde étude ; mais dont les
productions dialectiques ont été malheureu-
fement noyées dans les Commentaires barbares d'une troupe d'ignorants, & tournées
en ridicule par des êtres plus ignorants encore que les Commentateurs.

Je voudrois bien qu'il me fût permis de
développer ces Régles admirables avec toute
la rigueur qu'exige leur beauté pour être
bien connue ; mais les lecteurs pour qui
j'écris, me reprocheroient bientôt que ce
feroit les plonger dans des *abstractions* & des
difficultés, que je me propofe de leur épar-
gner. Cependant n'en rien dire, eft un facrifice qui coûte trop à l'amour que j'ai pour
elles, & au plaifir que j'aurois de les voir
aimer par de jeunes cœurs qui cherchent la
vérité : que faire donc ? Je vais prendre un
parti mitoyen, c'eft-à-dire, que je n'effraye-
rai perfonne par un détail rigoureux de dé-
monftrations géométriques, & que je fon-
drai fans appareil toutes ces loix en réflexions
fimples, que chacun fera même avant moi

J'espère que le peu que j'en aurai dit suffira pour les faire reconnoître, quand on voudra les voir dans tout leur éclat.

NATURE DU SYLLOGISME.

LE *Syllogisme* est un Raisonnement composé de trois Propositions, dont les deux premières se nomment *Prémisses*, & la dernière *Conclusion*. Le mot de *Prémisse* est synonyme à *Antécédent* ; car *præmissa* vient de *præmittere*, *mettre en avant*, comme *antecedens* vient d'*antecedere*, *marcher en avant* : ainsi une Proposition *prémisse* est la même chose qu'une Proposition *antécédente* ; l'une & l'autre est *mise en avant* pour annoncer une conséquence. Mais comme le mot d'*Antécédent* est affecté particuliérement à la première proposition de l'Enthymème, on a mieux aimé, pour éviter la confusion, donner le nom de *Prémisses* aux deux premières propositions du Syllogisme.

L'une de ces deux Prémisses s'appelle *Ma*
jeure, & l'autre *Mineure*. La *Majeure* e
ainsi nommée, parce que c'est une Propo
sition qui contient l'attribut de la Conclu
sion connu sous le nom de *grand extrême*
extremum MAJUS (& de MAJUS est ve
nue *Propositio* MAJOR); la *Mineure* con
tient le sujet de la Conclusion appellé *pet*
extrême, *extremum* MINUS, & par-là mê
me (à cause du mot MINUS) elle doit
nommer *Mineure*.

Mais que signifient *grand* & *petit extrê*
mes ? Le voici, rien n'est plus simple. N'e
il pas vrai que quand nous voulons conno
tre la longueur d'un corps, d'une murai
par exemple, nous portons successivem
d'une extrêmité à l'autre une mesure co
mune, soit un pied, soit une toise ? N
plaçons donc notre mesure entre deux e
trêmités ou *extrêmes*, pour estimer leur d
tance ; & si nous voulions distinguer ces de
extrêmes, nous leur donnerions des no
différents, comme d'*extrême oriental* & d'
trême occidental. Eh bien! passons du ph

que, à l'intellectuel, & l'opération sera précisément la même : nous mesurerons de part
& d'autre ; & nous chercherons, par le Syllogisme, un rapport entre deux idées, ainsi
que nous évaluons en pieds & en pouces une
distance physique. Pourquoi donc ne pour-
rions-nous pas envisager au figuré, nos deux
idées comme *deux extrêmes* que nous voulons apprécier par la comparaison & le rapprochement ? La Métaphore n'a rien que de
très-juste, puisque, au figuré comme au propre, c'est exactement la même manière d'a-
gir. Or si les deux idées que nous comparons
peuvent être nommées *extrêmes*, celle qui
doit, après l'examen, faire l'office d'attribut
dans la Conclusion, ayant plus d'étendüe, ne
peut-elle pas s'appeller le GRAND *extrême ?*
& le nom de PETIT *extrême* ne convient-
pas à l'autre ?

Ainsi le Syllogisme est la comparaison de
deux idées par le moyen d'une troisiéme qui
sert de mesure commune : les deux idées à
comparer sont les deux *extrêmes*, & l'idée
avec laquelle on les compare est le terme

moyen. On ne peut comparer les deux *extrêmes* avec le *moyen,* que l'un après l'autre
il y a donc deux comparaiſons. Chacune de
deux comparaiſons énonce le rapport qui ſ
trouve entre un *extrême* & le *moyen* ; ce
énoncé eſt une Propoſition : il y a donc deu
Propoſitions qui doivent précéder la Conſé
quence. Chacune des deux Propoſitions con
tient le *moyen* confronté avec un *extrême*
le *moyen* eſt donc employé deux fois, & le
deux Propoſitions ſont caractériſées par la na
ture de l'*extrême* qu'elles renferment. Rien
je crois, ne peut être plus clair ; mais s'
reſtoit quelque nuage, un exemple va le diſ
ſiper.

Je veux prouver que *le Menſonge eſt odieux*
ce ſera-là la Conſéquence du Syllogiſme qu
je vais faire : autrement, cette Propoſitio
le Menſonge eſt odieux ſera ma Concluſion
Or il y a plus de choſes *odieuſes* qu'il n'y
de *Menſonges* ; ainſi l'idée d'*odieux* a plu
d'étendue que l'idée de *Menſonge* : l'idée d'*o*
dieux eſt donc le *grand extrême,* & l'idé
de *Menſonge* eſt le *petit.* Je ſuppoſe ne p

connoître le rapport qui est entr'eux; il faut donc que je le cherche, en les confrontant avec une idée intermédiaire qui sera mon *moyen terme.* Quelle idée choisirai-je pour servir ainsi de mesure commune? Je prends l'idée de *vice.* Je la compare d'abord avec le grand extrême *odieux* , & il en résulte cette proposition : *Tout vice est odieux.* Je la compare ensuite avec le petit extrême *Mensonge,* & j'ai cette seconde Proposition : *Le Mensonge est un vice.* Mais il est de toute vérité, que si *le Mensonge est un vice* & que *Tout vice soit odieux,* le *Mensonge* est lui-même une chose odieuse (*a*) ; j'ai donc le droit de

---

(*a*) Cette vérité est un Axiome qui s'énonce ainsi en Logique : *Duo quæ sunt quid idem cum tertio, sunt eadem inter se;* Deux objets qui sont une même chose avec un troisiéme , sont une même chose entr'eux : & le revers de cet Axiome est l'Axiome suivant : *Duo quorum unum est idem cum tertio, alterum verò non est idem , non sunt eadem inter se;* Deux objets dont l'un est une même chose avec un troisiéme , tandis que l'autre ne l'est point, ne sont point une même chose entr'eux.

tirer une conclusion qui dise : *Donc le Mensonge est odieux*. En effet, par le moyen de
deux comparaisons supérieures, j'ai fait voi
que *Mensonge* étoit la même chose que *vice*
& que *vice* étoit la même chose qu'*odieux*
par conséquent, *Mensonge* & *odieux* son
une même chose, & nous avons un Syllogisme dans toutes les formes dont la premièr
Prémisse est la *Majeure*, parce qu'elle con
tient le plus grand extrême *odieux* compar
avec le moyen terme *vice* :

> Tout vice est odieux :
> Or le Mensonge est un vice :
> Donc le Mensonge est odieux.

Est-il essentiel que la première Propositio
soit la *Majeure* ? Nullement : en voici
preuve. Nous pouvons dire, sans rien chan
ger dans la valeur des termes :

> Le Mensonge est un vice :
> Or tout vice est odieux :
> Donc le Mensonge est odieux.

Il est évident que nous commençons

par la *Mineure*, puisque *Mensonge* (petit extrême) est comparé avec *vice* (moyen terme) dans la première Proposition.

Me demande-t-on si un Avare est malheureux ? Je réponds qu'il l'est, & je le prouve aussi-tôt par un Syllogisme, en prenant *la crainte* pour *moyen terme* entre les deux extrêmes *Avare* & *malheureux*.

   Quiconque est toujours dans la crainte est malheureux :

   Or un Avare est toujours dans la crainte :

   Donc un Avare est malheureux.

Le moyen terme *crainte* est comparé avec l'extrême *malheureux* dans la première Proposition, & cet extrême est le *plus grand*, puisqu'il y a plus de *malheureux* que d'*Avares* ; la première Proposition est donc la *Majeure*. La seconde, qui contient le petit extrême *Avare*, est la *Mineure* ; & les deux extrêmes *Avares* & *malheureux* sont réunis dans la Conclusion, parce qu'ils ont été unis tour-à-tour avec le *moyen terme* dans les deux Prémisses.

K

J'aurois pu débuter par la *Mineure*, en comparant d'abord le *petit extrême* avec le *moyen terme*, & j'aurois mis :

Un Avare est toujours dans la crainte :
Or quiconque est dans la crainte est malheureux :
Donc un Avare est malheureux.

J'aurois même pu commencer par la *Con-clusion*, en disant :

Un Avare est malheureux ;
Car on est malheureux qunnd on craint :
Or un Avare craint toujours.

La *Majeure* eût été au milieu, & la *Mi-neure* à la fin. Cette inversion est fort fré-quente ; & sur dix Syllogismes que font ceux qui dans les Ecoles s'exercent, par devoir, à la forme de l'Argumentation, il y en a six qui commencent par une véritable *mineure* quoique l'usage soit de dire en répondan à la première Proposition : Je *nie*, j'accorde je *distingue* la majeure. Mais il n'en résult aucun inconvénient, ni pour la nature du syllogisme, ni pour la discussion des ma

tières que l'on examine : il est même rare
de trouver dans les Auteurs les Prémisses &
la Conclusion rangées & développées comme
elles le font dans les deux exemples que
nous venons de donner. Tantôt la Conclusion est renvoyée après de longues explica-
tions, ou précéde de beaucoup la *majeure*
& la *mineure* : tantôt les deux Prémisses
font séparées l'une de l'autre par d'assez grands
intervalles. En général, pour donner au Raisonnement plus de vivacité, plus de grace
& de cette légereté que n'a point l'École
& que desire le monde, on le modifie de
mille manières différentes, & ces change-
mens ne font que l'embellir fans l'altérer.

BOILEAU, dans la Satyre *de l'Homme*,
c'est-à-dire dans la VIIIe. fait un Syllogisme
dont la Conclusion est tout ce qui précéde
& tout ce qui fuit :

Ces propos, diras-tu, font bons dans la Satyre,
Pour égayer d'abord un lecteur qui veut rire :
Mais il faut les prouver. En forme. J'y confens.
Réponds-moi donc, Docteur, & mets toi fur les bancs.
Qu'est-ce que la Sagesse ? Une égalité d'ame,

» Que rien ne peut troubler, qu'aucun defir n'enflamme,
» Qui marche en fes confeils à pas plus mefurés,
» Qu'un doyen au palais ne monte les dégrés :
» Or cette égalité dont fe forme le fage,
» Qui jamais moins que l'Homme en à connu l'ufage?

Nous avons bien dans les fix derniers vers une *majeure* & une *mineure* ttès-caractérifées ; *La fageffe eft une égalité d'ame inaltérable : or l'homme n'a point cette égalité.* Mais la *Conclufion?* Où fe trouve-t-elle ? Elle eft dans ce début violent ;

» De tous les animaux qui s'élèvent dans l'air,
» Qui marchent fur la terre, ou nagent dans la mer ;
» De Paris au Pérou, du Japon jufqu'à Rome,
» Le plus fot animal, à mon avis c'eft l'Homme.

elle eft dans cette Induction :

» Voilà l'Homme en effet, il va du blanc au noir ;
» Il condamne au matin fes fentimens du foir.
» Importun à tout autre, à foi-même incommode,
» Il change à tous momens d'efprit comme de mode;
» Il tourne au moindre vent, il tombe au moindre choc
» Aujourd'hui fous un cafque, & demain dans un froc

elle eft enfin dans toute la Satyre ; & fui

tout dans le dernier vers que prononceroit
l'*Ane témoin des bifarreries de l'Homme*,
s'il pouvoit parler ;

» Ma foi, non plus que nous, l'Homme n'eſt qu'une
      bête.

Si nous la réuniſſons avec les deux Pré-
miſſes, nous aurons le Syllogiſme entier
ramaſſé dans les trois Propoſitions ſuivantes :

» La Sageſſe eſt une parfaite égalité d'ame :
» Or l'Homme n'a jamais connu cette égalité :
» Donc l'Homme n'a jamais connu la Sageſſe.

La *Sageſſe* eſt le *grand extrême* & *l'homme*
le *petit* ; *l'égalité d'ame* eſt le *moyen terme* :
la première Propoſition contient les deux
idées de *ſageſſe* & *d'égalité* ; elle eſt donc
la *majeure* : mais elle eſt ornée dans les
vers & plus belle qu'en proſe.

Le même Poëte nous offre un autre Syllogiſme dans ſa Xe. Satyre, quand, après
avoir tracé avec le plus grand art tous les
caractères qui peuvent détourner Alcippe de

prendre une femme, il finit par celui de la
Plaideuse, & prouve que l'infortuné mari
ne doit pas même penser à la séparation :

  >> Alcippe, tu crois donc qu'on se sépare ainsi ?
  >> Pour sortir de chez toi, sur cette offre offensante,
  >> As tu donc oublié qu'il faut qu'elle y consente ?
  >> Et crois-tu qu'aisément elle puisse quitter
  >> Le savoureux plaisir de t'y persécuter ?

Ici la *conclusion* est la première Proposition, c'est-à-dire, le premier vers ; la
majeure est la seconde ou les deux vers sui-
vants ; & la troisième est la *mineure*, dans
les deux derniers vers. On peut s'en assurer en traduisant en style d'école l'argument
poëtique ; on diroit :

  >> Pour se séparer de toi, il faut qu'elle y consente ;
  >> Or elle n'y consentira jamais :
  >> Donc jamais elle ne se séparera.

L A   F O N T A I N E , dans la Fable de la
Chauve-Souris, & des deux Bélettes, fait
faire à la Chauve-Souris deux excellents
Syllogismes pour sauver sa vie. La première

Bélette, dans le nid de laquelle elle tombe imprudemment, lui demande d'un ton menaçant si elle n'est pas Souris ;

» Moi Souris ! Des méchans vous ont dit ces nouvelles.
    » Grace à l'Auteur de l'univers,
    » Je suis Oiseau ; voyez mes aîles :
    » Vive la gent qui fend les airs !

L'étourdie va se *fourrer aveuglément* chez une autre Belette qui veut la manger en qualité d'oiseau ; mais elle répond :

» Moi pour telle passer ! vous n'y regardez pas.
    » Qui fait l'Oiseau ? C'est le plumage.
    » Je suis Souris, vivent les Rats !
    » Jupiter confonde les Chats !

A quoi se réduit la première réponse de la Chauve-Souris ? A ce Raisonnement :

Un Oiseau a des aîles :
Or j'en ai :
Donc je suis Oiseau.

Et n'est-ce pas un très-bon Syllogisme ? Nous en voyons un autre aussi concluant dans la seconde repartie :

Un Oiseau a des plumes :
Or je n'en ai point :
Donc je ne suis pas Oiseau.

Le Moucheron raisonne aussi par Syllogisme, lorsqu'insulté il déclare la guerre au
Lion :

» Vas-t'en, chétif insecte, excrément de la Terre.
  » C'est en ces mots que le Lion
  » Parloit un jour au Moucheron :
  » L'autre lui déclara la guerre.
» Penses-tu, lui dit-il, que ton titre de Roi
  » Me fasse peur, ni me soucie !
  » Un Bœuf est plus puissant que toi,
  » Je le mène à ma fantaisie ».

Vit-on jamais un Syllogisme plus fier &
plus serré ?

  Un Bœuf est plus puissant que toi :
  Or je me moque d'un Bœuf :
  Donc je puis me moquer de toi.

Ces différentes modifications n'empêchent
point, comme on le voit, qu'il n'y ait
dans le Raisonnement deux *extrêmes* com-
parés tour-à-tour avec un *moyen*, & un
        Conclus-

Conclusion qui expose leur rapport ; mais il en est d'autres qui paroissent l'embarrasser, le compliquer & changer sa forme. C'est ce qui a porté les Logiciens à distinguer les Syllogismes en *simples*, *complexes* & *conjonctifs*. Ils sont *simples*, disent-ils, quand le *moyen terme* n'est joint à la fois qu'à l'un des deux *extrêmes* pour former deux Prémisses bien séparées ; tels sont tous ceux que nous venons de faire. Ils sont *conjonctifs*, lorsque les deux *extrêmes* se trouvent ensemble avec le *moyen* dans la *majeure*, c'est-à-dire, lorsque, par quelque liaison de particule, la *majeure* contient la *mineure*. Ils sont *complexes* toutes les fois que la Conclusion & l'une des Prémisses renferment une Proposition incidente. Donnons des exemples, & nous verrons que ces différences sont bien légères, ou que, si le Syllogisme en souffre, il est très-aisé de le ramener à sa vraie forme.

Les Rois doivent être honorés ;
Or Louis XVI est Roi :
Donc Louis XVI doit être honoré.

L

Voilà bien, ce que l'on appelle un Syllogisme *simple* ; mais si je dis :

La loi divine commande d'honorer les Rois :
Or Louis XVI est Roi :
Donc la loi divine commande d'honorer Louis
    XVI.

Je fais, dit-on, un Syllogisme *complexe*,
parce que sa *majeure* & sa *conclusion* sont
deux Propositions complexes : cela est vrai ;
mais ce changement est-il bien considérable ?
J'assure dans le premier Syllogisme que *l'honneur est dû aux Rois*. Je l'assure aussi dans
le second ; mais en ajoutant, par une Proposition incidente, que c'est en *vertu de la
loi divine* ; la *mineure*, de part & d'autre,
fait voir que Louis XVI est Roi ; l'honneur
lui est donc *dû* ; & c'est ce qu'énoncent
mes deux *Conclusions*, la première pure-
ment & simplement comme je l'avois prouvé ;
la seconde avec l'addition *en vertu de la loi
divine*, ainsi que je l'avois indiqué. N'est-ce
pas exactement la même conséquence ? Ren-
dons maintenant le premier Syllogisme com-

jonctif : rien n'est plus facile ; il suffit d'a-
joûter une condition à la *majeure*, & de dire :

Si Louis XVI est Roi, comme il faut honorer
tous les Rois, on doit honorer Louis XVI.
Or Louis XVI est Roi :
Donc il faut l'honorer.

Le sens est-il altéré ? le Syllogisme *simple*
est-il détruit ? est-il même compliqué ? Nous
l'avons, cependant, métamorphosé en un
de ces Syllogismes *conjonctifs* que l'on regarde comme difficiles & faisant classe à
part ; car on voit dans la majeure le petit
extrême *LOUIS XVI* & le grand extrême
honoré, comparé avec le moyen terme *Roi* ;
ou plûtôt, on voit la mineure *LOUIS XVI*
est Roi renfermée dans la majeure par la
condition *si*. Allons plus loin, d'un Syllogisme *simple* faisons un Syllogisme *complexe*
& *conjonctif* en même temps :

Si Louis XVI est Roi, puisque la loi divine
oblige d'honorer tous les Rois, la loi divine oblige d'honorer Louis XVI :

Or Louis XVI est Roi ; [...]
Donc la loi divine oblige d'honorer [...]

Ne sommes-nous pas toujours dans les
bornes de la même pensée, & le Raisonnement n'est-il pas absolument le même ?
Mais poursuivons, & allons jusqu'au *non
plus ultra* de la complication, en chargeant
la *majeure* & la *mineure* de Conjonctions
& de Propositions incidentes.

Si Louis XVI est Roi, & si la loi divine ordonne
        d'honorer tous les Rois, la loi divine or-
        donne d'honorer Louis XVI.
Or Louis XVI est Roi, & la loi divine ordonne
        d'honorer tous les Rois.
Donc la loi divine ordonne d'honorer Louis XVI.

La distinction des Syllogismes en *simples*
conjonctifs & *complexes* [...]
Logiciens, est donc plus [...]
n'est importante & difficile : [...]
communément elle est la terreur des com-
mençants, c'est que déja ils sont épouvantés
par l'appareil des termes techniques. Cependant il ne faut pas croire qu'elle soit dans

fondement ; car tous les Syllogifmes dans lefquels on fait entrer des Propofitions incidentes & des Conjonctions, ne peuvent être ramenés aux régles générales que par une décompofition & une efpèce de *renverfement*, qui leur donnent une forme plus frappante ; les Conjonctions, d'ailleurs, entraînent avec elles des loix particulières & qui leur font propres. Auffi a-t-on fait une divifion expreffe des Syllogifmes *conjonctifs* ; c'eft-à-dire, qu'on leur a impofé des noms différents felon la nature de la Conjonction qui les modifie. On les appelle *Conditionnels*, quand ils renferment la condition *fi* ; *Disjonctifs*, lorfque, par la Conjonction *ou*, ils propofent, comme le Dilemme, deux partis à choifir ; *Copulatifs*, quand ils contiennent la liaifon, &. En un mot, leurs *majeures* ont deux membres : or ces deux membres font unis, tantôt par *fi*, tantôt par *ou*, & tantôt par &. Rendons-nous plus clairs encore par des exemples, car c'eft toujours aux exemples qu'il en faut revenir.

Le Syllogifme fuivant eft *Conditionnel* :

Si la matière ne peut fe mouvoir d'ellé-même,
le premier mouvement lui a été donné par
le Créateur :
Or la matière ne peut fe mouvoir d'elle-même :
Donc le premier mouvement lui a été donné
par le Créateur.

Cet autre eft *Disjonctif* :

Ceux qui ont tué Céfar , font parricides ou
défenfeurs de la liberté :
Or ils ne font point parricides :
Donc il font défenfeurs de la liberté.

Ce troifiéme eft *Copulatif* :

Un homme ne peut être en même temps ami
de Dieu & idolâtre de l'argent :
Or l'avare eft idolâtre de l'argent :
Donc il n'eft point l'ami de Dieu.

Il eft trop aifé de voir quels peuvent être
les défauts particuliers de ces fortes d'Arguments , pour qu'il foit néceffaire d'en
donner le détail. Paffons donc aux Règles
les plus générales du Syllogifme pris comme
Raifonnement compofé de trois Propofitions
& de trois termes.

RÈGLES GÉNÉRALES
DU SYLLOGISME.

I. LE Syllogisme est la comparaison de deux idées par l'entremise d'une troisiéme, nous l'avons déjà dit. Toute idée, quand elle est exprimée, s'appelle *terme*, nous l'avons dit encore. Il y a donc trois *termes* dans un Syllogisme : deux à comparer, ce sont les *extrêmes* ; & un qui sert de mesure, c'est le *moyen*. Deux ne suffisent point, puisqu'on ignore leur rapport ; & un quatriéme seroit de trop, parce qu'il n'entreroit point dans la comparaison. Ainsi je ne pourrois rien conclure des deux Propositions suivantes :

Socrate fut Philosophe,
Alexandre fut Conquérant.

II. Il faut une mesure commune : il n'y en auroit point si le *moyen* avoit deux sens différents ; deux restrictions les lui donneroient ; il doit donc être au moins une fois général. Voici un Syllogisme qui n'est défectueux, que parce que son *moyen pris* est deux fois de suite particulier :

> Quelqu'homme est saint,
> Quelqu'homme est voleur :
> Donc quelque voleur est saint,

car certainement le même *homme* ne peut être en même temps *saint & voleur*. Remarquons que presque tous les Syllogismes pèchent contre cette seconde règle.

III. Le plus grand ne peut se déduire du plus petit ; par conséquent, on ne peut conclure plus que l'on n'a prouvé : c'est ce qui arriveroit néanmoins si l'on disoit :

> Il y a des hommes qui sont des monstres,
> Or la société n'est composée que d'hommes :
> Donc la société n'est composée que de monstres.

IV. Le *moyen* n'est employé que pour prouver ; on ne prouve rien dans la conclusion, puisqu'elle n'est que l'énoncé des preuves ; le *moyen* ne doit donc jamais trouver ; aussi seroit-il ridicule de dire :

Un grand homme mérite nos hommages ;
Or César fut un grand-homme :
Donc César fut un grand-homme qui mérite nos
hommages.

V. Quand les deux *extrêmes* sont d'accord
avec le *moyen*, ne sont-ils pas d'accord entr'eux ? Il faut donc en convenir dans la Conclusion ; c'est-à-dire que de deux Prémisses
affirmatives, on ne peut tirer une Conclusion négative. Par exemple, si l'on avance que

Socrate fut un grand Philosophe,

& que

Un grand Philosophe est un homme précieux,

peut-on répondre que

Socrate ne fut pas un homme précieux.

VI. Quelle conséquence tirer de ces deux
Propositions disparates ?

Les Espagnols ne sont pas Mahométans,
Les Mahométans ne sont pas François.

Aucune, fans doute; & pourquoi? C'eft qu'elles font fans rapport; par conféquent, de deux Prémiffes négatives on ne peut rien conclure.

VII. Si je vois un *extrême* d'accord & l'autre incompatible avec le *moyen*, je ne puis avancer dans ma Conclufion qu'il y a convenance entre les deux extrêmes, c'eft l'Axiome; je dois donc les défunir: c'eft-à-dire que quand des deux Prémiffes l'une eft négative, la Conclufion doit être négative auffi. Me dit-on:

Nul homme cruel ne peut être un bon Prince;
Or Caligula étoit un homme cruel:

Ne fuis-je pas forcé de conclure?

Donc Caligula ne pouvoit être un bon Prince.

Et s'il arrive qu'une des deux Prémiffes foit particulière, puis-je oublier cette reftriction dans ma Conféquence? Non; ce feroit conclure *le tout*, quand je n'en ai prouvé qu'une *partie*. Donc fi l'on me propofe les deux Prémiffes fuivantes,

Aucun menteur n'est estimable ;
Or il y a dans votre société quelques menteurs :

e ne puis tirer pour Conclusion :

Donc votre société n'est pas estimable.

mais je dois répondre avec retenue :

*Donc il se trouve dans votre société des membres
qui ne sont pas estimables.*

Voilà ce que prétendent les Logiciens,
quand ils disent que la Conclusion suit toujours la *plus foible partie* ; autrement, qu'elle
est négative quand une des Prémisses est négative, & qu'elle est particulière quand une
des Prémisses est particulière ; car la plus foible partie dans les Propositions est la *négation* & la *particularité*, comme, dans la
Grammaire, le genre le moins noble est le
genre *féminin*.

VIII. Enfin, si chacune des deux Prémisses
est particulière, on n'en peut rien tirer : la
raison en est simple ; le *moyen terme* y aura
deux restrictions, ou la Conclusion sera plus

forte que les preuves. Par exemple, quel
conséquence peut-on déduire de ces deu
Propositions?

   Il y a des François qui sont braves,
   Il y a des François qui sont lâches.

Aucune absolument; non plus que des deu
suivantes:

   Il y a des hommes vertueux;
   Il y en a qui ne le sont pas,

   Telles sont les loix dont un Syllogisme n
peut s'écarter, qu'il ne devienne aussi-tôt u
faux raisonnement. Je les eusse mieux fai
sentir, qu'il me soit permis de le répéter,
je n'eusse craint de fatiguer des esprits enco
peu accoutumés à la discussion; mais je n
pouvois éviter les difficultés que présente le
démonstration mathématique, sans affoibli
beaucoup leur intérêt, parce qu'elles ne so
vraiment belles qu'autant qu'elles sont ri
goureuses. Cependant je crois avoir rem
la tâche que m'imposoit mon plan, & fou
aux jeunes combattants pour qui j'écris

mes, qui leur font propres. Leur adreſſe
ailleurs & leurs talens ſuppléeront facile-
ent aux défauts qui me ſont échappés.

DE LA MÉTHODE.

QUE ſeroit un édifice où l'œil ne rencon-
treroit que le porphyre, le marbre, l'or, &
tout ce que la nature a de plus précieuſes
ſubſtances, mais où ces magnifiques orne-
ments ſeroient placés au hazard, ſans deſſin,
ſans regle, ſans proportions & ſans ordre?
Ne pourroit-on pas l'appeller un *monſtre* de
beautés? Que ſeroit un Tableau qui préſen-
teroit le plus brillant coloris, la touche la
plus legere, les plus riches détails, la variété
la plus féconde, mais dans lequel le pinceau
aveugle de l'Artiſte n'eût exprimé que les ca-
prices & les jeux les plus bizarres d'une folle
imagination? N'y chercheroit-on pas les convenances, l'enſemble & l'harmonie? N'y dé-
ſireroit-on pas cet heureux accord qui ſeul

peut montrer qu'un ouvrage est sorti d'une main sçavante ? Il en est de même de nos Raisonnements, de nos Jugements & de nos Idées. Si nous ne les unissons par des liaisons naturelles ; si nous n'en fixons clairement les rapports, les affinités, les contrastes ; si nous ne leur donnons une marche regulière ; si enfin nous ne les soumettons à un ordre constant & rigoureux ; nous n'aurons qu'à gémir de notre fécondité, parce que jamais elle ne produira qu'un amas confus de richesses inutiles ; fausse abondance, mille fois plus onéreuse que la disette ! Or ce bel ordre, cet ordre si nécessaire dans l'exercice de nos facultés, c'est ce qu'on appelle *La Méthode.*

Nous sommes nés pour connoître la vérité. A quel autre usage plus noble peuvent être destinés cet entendement & ce cœur que nous avons reçus de la nature ? Pour quel but plus intéressant, avons-nous ce caractère d'énergie & d'activité qui nous éleve au dessus de la bête ? Nous sentons que notre bonheur dépend de la vérité ; n'en avons-nous pas pour

garant ce penchant invincible qui, au milieu
même de nos plus grands égaremens, nous
ramene vers elle ? J'ofe même dire que nous
aimons la vérité : oui, nous l'aimons, tout
corrompus que nous fommes ; & nos erreurs
les plus féduifantes, nos illufions les plus che-
res, font toujours celles qui fe préfentent à
nos yeux fous fes traits. Mais que de peines,
que de fatigues, que de combats ne faut-il
pas foutenir, pour pénétrer dans fon augufte
retraite ! Semblables à ces vaillants guerriers
de la Chevalerie, que mille enchantements
entraînoient dans les palais des Fées, nous
avons fans ceffe à lutter contre des preftiges
de toute efpèce, à nous garantir d'une infi-
nité de piéges, à nous défendre d'autant de
dangers que nous avons de pas à faire. Il
n'eft point de forme attrayante ou terrible,
que ne prenne le menfonge pour nous attirer ; trop heureux encore, fi nous n'avions
que des ennemis étrangers à dompter, ou des
ennemis qui nous fuffent moins chers ! Mais
c'eft contre nous-mêmes que nous fommes
forcés de prendre les armes ; c'eft à nos pas-

sions qu'il faut résister ; c'est à nos [...]
faut imposer silence ; c'est à [...]
tion qu'il faut donner un [...]
tre amour-propre qu'il faut [je ne dis [...]
racher son aiguillon (car sans lui n[ous ...]
rions dans une honteuse léthargie) [...]
moins opposer souvent un bouclier [...]
c'est enfin à notre cœur qu'il [...]
une guerre malheureusement trop lon[gue]
& trop cruelle. Nous aimons la vérité, [...]
le répéte ; mais nous aimons [...]
qui nous éloigne d'elle ! ce [...]
notre foiblesse. Nous avons donc be[soin ...]
milieu de tant de périls, qu[...]
sipe les ténèbres qui nous environ[nent ...]
efface par une plus forte lumiere les [...]
trompeuses du mensonge : or la [...]
ce flambeau. Nous avons besoin qu[...]
rige nos pas dans les sentiers [...]
engage l'erreur : la *Méthode* est ce[...]
faut des points fixes auxquels nous puisson[s]
reconnoître la route que nous avons suivi[e ...]
nous les trouvons dans la *Méthode*. Enfin [...]
Méthode est l'unique secours qu'il nous [...]

per[...]

permis d'efpérer dans la recherche de la vérité. Auffi un Philofophe Orateur, je veux
dire Ciceron, nous la préfente-t-il comme
le plus beau privilége de l'Humanité, en di-
fant:

» Un effet fingulier de la nature & de cette
» raifon qu'elle a donnée en partage à l'Hom-
» me, c'eft qu'il eft de tous les animaux le feul
» qui ait une idée de l'ordre, de la décence,
» d'une règle à obferver dans les actions &
» dans les difcours. Auffi eft-il le feul qui,
» dans les objets dont les fens peuvent juger,
» foit touché du beau, & fçache ce que c'eft
» qu'agrément, ce que c'eft que juftefse de
» proportions; & ces mêmes idées, dont fes
» yeux font frappés, fa raifon les lui fait
» appliquer aux opérations de l'ame. Il con-
» çoit que la beauté, la règle, l'ordre font
» encore bien plus à ménager dans fes pro-
» jets, dans fes démarches; & attentif à
» n'oublier jamais la décence, à ne montrer
» aucune foibleffe, il ne fe permet de rien
» penfer, de rien faire d'irrégulier. *Offic.* 1.4.

Il eft vrai que Ciceron ne prend ici que

M

le beau, que la perfection, que l'idéal, pour ainsi dire, de la nature humaine; & il est sans doute bien difficile, au milieu de la corruption générale, de trouver l'Homme aussi grand, aussi juste, aussi vertueux, qu'il se plaît à le peindre: mais néanmoins, dans la longue suite des affligeants tableaux de l'Histoire, il existe encore quelques beaux traits, quelques heureuses exceptions, qui prouvent que son éloge ne tombe point sur des qualités chimériques.

Les Logiciens ont distingué deux sortes de *Méthodes* : l'une faite pour découvrir la vérité; ils l'ont nommée *Analyse*, *Méthode de résolution*, *Méthode d'invention* : la seconde destinée à montrer aux autres la vérité que l'on vient de découvrir, & ils l'ont appellée *Synthèse*, *Méthode de composition*, *Méthode de doctrine*.

La première est employée pour traiter une question particulière, pour résoudre un problême, pour dégager la vérité de toutes les conditions qui l'enveloppent & la cachent: c'est une chaîne dont chaque anneau appro-

che du but, mais qui n'eſt entièrement for-
mée que quand le but eſt ſaiſi : c'eſt une
échelle dont le premier dégré ne s'établit
que lorſqu'on a fait le premier pas, & dont
on ignore abſolument quelle ſera la longueur, parce qu'on ne connoît ni le terme
où l'on aſpire, ni le chemin qui reſte à faire
pour l'atteindre.

La ſeconde ſert à enſeigner toutes les
ſciences. Elle eſt, auſſi-bien que la première,
une chaîne tendue ſur la route que l'on a
ſuivie pour arriver à la vérité ; mais c'eſt une
chaîne qui part du but pour aller rejoindre
l'entrée de la carrière, & ſes anneaux ne ſont
qu'autant de ſignes de tous les pas que l'on
a faits. Si nous la comparons , comme la
première, à une échelle ; il y aura cette
différence, que tous les dégrés en ſont parfaitement connus, & ne ſont comptés que
comme les époques de la marche plus ou
moins pénible de l'inventeur.

L'*Analyſe* va du plus facile au moins aiſé,
du plus ſimple au plus compliqué, du particulier au général : un pas amène un autre

pas, une découverte conduit à une autre.

La *Synthese*, au contraire, commence par
annoncer que la vérité est connue, & que
la voie qui mene à elle est frayée; elle établit ensuite des maximes générales, elle fait
des points de repos, & descend du plus composé au plus simple, du plus difficile au plus
aisé, jusqu'à ce qu'elle ait indiqué les pre-
mieres observations qui ont été faites.

Enfin ces deux *Méthodes* ne different, selon la remarque de la *Logique de Port-
Royal*, que comme le chemin que l'on fait
en montant d'une vallée sur une montagne,
de celui que l'on fait en descendant de la
montagne dans la vallée; ou comme different les deux manieres dont on se peut servir
pour prouver qu'une personne est descendue
de S. Louis, dont l'une est de montrer que
cette personne a tel pour pere qui étoit fils
d'un tel, & celui-là d'un autre, & ainsi jusqu'à S. Louis: l'autre de commencer à
S. Louis & faire voir qu'il a eu tels enfans,
& ces enfans d'autres, en descendant jusqu'à
la personne dont il s'agit.

N'eût-il pas été plus naturel de n'admettre qu'une seule *Méthode* ? Je le crois; car tous les hommes sont également curieux. Leur premier desir, quand ils entendent parler d'une découverte, est de sçavoir par quels moyens on a pu la faire : ils aiment à contempler toutes les difficultés qu'il a fallu vaincre; ils veulent, en quelque sorte, participer à la gloire de l'invention, en surmontant les mêmes obstacles, en s'engageant dans les mêmes dangers, en appliquant leurs pas sur les pas de ceux qui les ont précédés; ils sont, comme eux, dans une certaine inquiétude, dans une espèce de perplexité, qui leur donne du mérite; ils sont, comme eux, partagés entre la crainte & l'espérance, &, comme eux, ils goûtent le doux plaisir de la surprise quand ils arrivent au terme de leurs travaux : pourquoi donc la manière de découvrir la vérité ne seroit-elle pas celle de l'enseigner ? Ne sçait-on pas, d'ailleurs, que les maximes générales de la *Synthèse* ne font jamais tant d'impression sur l'esprit des jeunes-gens mêmes, que les principes particuliers de l'*Analyse* ? Et la preuve démonstrative en est, que quand on leur propose ces maximes générales, ils cherchent avec empreſſement ſur quoi elles ſont fondées, & leur curioſité n'eſt ſatisfaite que lorſqu'ils en voyent clairement l'origine. Ils entrent donc, par un mouvement naturel, dans les détails de l'*Analyse* & c'eſt ce qui fait comprendre que cette méthode eſt la marche véritable de l'eſprit humain. Mais rien ne réſiſte à l'uſage, & la diſtinction entre l'*Analyſe* & la *Synthèſe* a trop d'empire, pour être ébranlée par des réflexions même beaucoup plus fortes que celles que je viens de faire. Quoi qu'il en ſoit, la *Méthode* ne conſiſte pas ſeulement dans une adreſſe d'eſprit naturelle, & dans une ſagacité indépendante des préceptes ; elle a des règles, des règles fixes & conſtantes, des règles dont on ne peut s'écarter ſans s'expoſer à l'erreur : il eſt intéreſſant de les connoître.

10. Nous devons toujours être en garde contre le témoignage de nos ſens. Ce n'eſt

pas que nos sens nous trompent : ils sont, au contraire les guides les plus sûrs que nous puissions suivre dans la pratique de la vie : semblables à de vigilantes sentinelles, ils nous avertissent avec la plus grande fidélité de tout ce qu'il y a d'agréable ou d'offensant, d'utile ou de pernicieux, dans les objets qui nous environnent ; mais il ne faut pas étendre leur office au-delà des bornes prescrites par la sagesse du Créateur.

L'œil est fait pour saisir les distances, les couleurs, les figures ; mais s'il est trop éloigné, si l'excès de la lumière lui donne une commotion trop violente, ou si le défaut de jour ne l'ébranle suffisamment, si l'accident le plus léger altère la moindre des parties dont il est composé, si le milieu qui le sépare de l'objet est trop dense ou trop mobile, sans cesser d'être fidèle, il rapporte des apparences tout-à fait différentes de la réalité. L'oreille est destinée à la propagation des sons ; mais en nous rendant exactement ce qui l'affecte, elle peut combattre le témoignage de l'œil. En effet,

j'apperçois au loin dans la campagne un
Bucheron dont la coignée tombe à coups
redoublés fur le tronc d'un arbre ; mon
œil voit l'inftrument fufpendu, & mon
oreille, dans le même inftant, m'en rapporte le bruit : voilà fans doute une illu-
fion ; lequel des deux fens eft en défaut ?
Ni l'un ni l'autre : l'œil a bien vû, l'o-
reille a bien entendu ; mais l'intervalle a
retardé le fon du coup précédent, & je ne
le faifis que quand un nouveau coup fe
prépare. Une rame nous paroît brifée dans
l'eau ; l'eft-elle vraiment ? Si l'on en dou-
toit, le tact prouveroit auffi-tôt le contraire.
Éloignés d'un vafe vuide, nous n'appercevons
point un écu mis au fond, & nous le voyons
fi le vafe fe remplit : n'y étoit-il pas avant ?
La main en étoit le témoin, l'œil lui-même,
placé plus près des bords le découvroit aifément. Une longue allée d'arbres, un pla-
fonds, paroiffent fe terminer en pointe,
& la perfpective ne peut les repréfenter que
par ce moyen : la même largeur néanmoins
règne par-tout dans l'une & dans l'autre,

nous

nous en sommes convaincus en les parcou-
rant. Une haute muraille, parfaitement
d'à-plomb, semble se renverser sur le spectateur qui se promène au pied : s'écarte-t-il
de quelques pas ? Il la trouve perpendicu-
laire. A la distance d'une lieue, une tour
bien quarrée prend une forme ronde ; qu'on
en approche, & les angles reparoîtront. Se
presse-t-on l'œil avec le doigt ? Mille desseins
se présentent sous toutes les couleurs & dans
toutes les nuances : le même phénomène a
lieu si nous recevons un coup violent sur
la tête. Un prisme triangulaire de verre nous
fait voir au grand jour les objets renversés
& couronnés de violet ou de rouge, &c.
&c. &c. Toutes ces apparences sont-elles
des erreurs ? Oui, si nous prononçons d'a-
près elles, si nous ne les rectifions par la
raison, si nous n'opposons un sens à l'autre ; si nous n'avons égard aux distances,
aux milieux, aux situations, aux accidents,
à la constitution actuelle de notre corps,
& à mille autres circonstances. Nous serons
dans l'erreur, & nos sens ne nous trompe-

N

ront point ; ils nous rapporteront tout ce qu'ils peuvent & tout ce qu'ils doivent rapporter dans l'état où ils se trouvent, parce qu'ils ne sont faits que pour nous avertir, non de ce qui existe absolument dans la nature, mais de tout ce qui peut par son extérieur influer sur nos organes ; non de la véritable grandeur des corps, non de leur forme réelle, non de la disposition intérieure & secrette de leurs parties, non enfin de tout ce qui constitue leur essence ; mais de tout ce que nous appellons leurs qualités sensibles, c'est-à-dire, de tous les rapports qu'ils ont avec nos plaisirs ou nos peines, par les innombrables sensations que leur approche fait naître en nous. Nous serons dans l'erreur pour n'avoir pas prêté l'attention nécessaire, pour n'avoir pas distingué l'usage naturel de nos sens, pour avoir exigé d'eux des témoignages qui n'étoient nullement de leur ressort, en un mot, pour avoir jugé trop vîte. On peut même avancer que la précipitation est l'unique cause de toutes ces illusions, parce que c'est elle qui rend

nos jugements téméraires, obscurs, douteux
ou faux : écoutons, pour achever de nous
en convaincre, ce qu'en dit le plus aimable Philosophe qui puisse nous donner des
leçons, LA FONTAINE dans sa Fable d'*un
Animal dans la Lune.* Qu'il seroit à désirer
que toute la Logique fût présentée sous de
pareilles couleurs ! Nous aurions le plaisir
de la voir plus cultivée qu'elle ne l'est aujourd'hui.

       » Pendant qu'un Philosophe assure
  » Que toujours par leurs sens les hommes sont dupés,
      » Un autre Philosophe jure
      » Qu'ils ne nous ont jamais trompés.
  » Tous les deux ont raison ; & la Philosophie
  » Dit vrai, quand elle dit que les sens tromperont
  » Tant que sur leur rapport les hommes jugeront.
     » Mais aussi, si l'on rectifie
  » L'image de l'objet sur son éloignement,
     » Sur le milieu qui l'environne,
     » Sur l'organe & sur l'instrument,
     » Les sens ne tromperont personne.
  » La Nature ordonna ces choses sagement ;
  » J'en dirai quelque jour les raisons amplement.
  » J'apperçois le Soleil : quelle en est la figure ?
  » Ici bas ce grand corps n'a que trois pieds de tour :

» Mais si je le voyois là-haut dans son séjour,

» Que seroit-ce à mes yeux que l'œil de la Nature?

» Sa distance me fait juger de sa grandeur :

» Sur l'angle & les côtés ma main le détermine.

» L'ignorant le croit plat ; j'épaissis sa rondeur,

» Je le rends immobile, & la Terre chemine.

» Bref, je démens mes yeux en toute sa machine.

» Ce sens ne me nuit point par son illusion.

    » Mon ame, en toute occasion,

» Développe le vrai caché sous l'apparence.

    » Je ne suis point d'intelligence

» Avecque mes regards peut-être un peu trop prompts,

» Ni mon oreille lente à m'apporter les sons.

» Quand l'eau courbe un bâton, ma raison le redresse.

    » La raison décide en maîtresse.

    » Mes yeux, moyennant ce secours,

» Ne me trompent jamais en me mentant toujours.

» Si je crois leur rapport, erreur assez commune,

» Une tête de femme est au corps de la Lune.

» Y peut-elle être ? Non. D'où vient donc cet objet ?

» Quelques lieux inégaux font de loin cet effet.

» La Lune nulle part n'a sa surface unie :

» Montueuse en des lieux, en d'autres applanie,

» L'ombre avec la lumière y peut tracer souvent

    » Un Homme, un Bœuf, un Éléphant.

20. Affermis contre les illusions de nos
sens, nous devons nous défendre de tous les

préjugés extérieurs ; c'eſt-à-dire, n'admettre
pour vrai que ce que nous connoiſſons évi-
demment comme tel ; ne laiſſer paſſer en
axiomé aucune propoſition qui ne ſoit de la
plus grande évidence ; ne rien omettre dans
les dénombrements que nous faiſons ; ne
nous fonder ſur aucune autorité, ſi nous ne
ſommes très-aſſurés de ſa force ; ne jamais
recevoir ſans examen les opinions des autres,
quelqu'eſtimées qu'elles puiſſent être. C'eſt
ainſi que nous éviterons la prévention, la
légéreté, la précipitation, & l'habitude dan-
gereuſe de prononcer dans nos jugements
plus que nos idées ne nous préſentent : nous
éviterons l'opiniâtreté, l'entêtement & la fureur : nous éviterons ſur-tout, les funeſtes
effets de cette vanité qui tyranniſe tous les
hommes, & les empêche de faire un généreux aveu de leur erreur ou de leur igno-
rance. N'eſt-ce pas là ce qu'enſeignoit Ciceron, ce maître conſommé dans l'art de
penſer & d'écrire ?

» Toute connoiſſance, diſoit-il, eſt bou-
» chée par mille difficultés ; & les choſes

» sont tellement obscures, d'elles-mêmes,
» nous n'avons que de si foibles moyens
» pour en juger, que les hommes les plus
» doctes qu'il y eut jamais, ont craint, &
» avec raison, de manquer le but qu'ils se
» proposoient : mais ils ne laisserent pour-
» tant pas de continuer leurs recherches ; &
» nous de même, sans perdre courage, nous
» continuerons les nôtres. Le seul motif qui
» nous engage à disputer, & pour & con-
» tre, c'est afin que ces discussions enfantent
» la vérité, ou du moins ce qui en approche
» le plus : & si nous différons de ceux qui
» prétendent la posséder, ce n'est qu'en ce
» qu'ils croyent voir dans leurs opinions une
» certitude absolue ; tandis que nous, dans
» les nôtres, nous ne voyons qu'une certaine
» probabilité, qui peut bien nous servir de
» règle, mais qui ne fait pas une conviction.
» Toujours maîtres de nos jugements, nous
» conservons une parfaite liberté, & nous
» ne connoissons point l'obligation de sou-
» tenir des sentiments qui nous ayent été
» dictés, & pour ainsi dire commandés.

» Quant aux autres, ils se trouvent liés
» à un parti, avant que d'avoir pu discerner si
» c'est le bon. Ou gagnés par un ami, dans
» un âge qui n'est capable de rien, ou sé-
» duits par le discours du premier Maître
» qu'ils entendent, ils jugent de ce qu'ils ne
» conçoivent pas, & ils embrassent une
» secte au hazard, comme dans une tem-
» pête nous embrassons le premier rocher
» où les vents & les flots nous jettent.

　» Quelqu'un dont le grand sçavoir, di-
» sent - ils, leur étoit connu, a mérité
» toute leur confiance. Je les en louerois
» s'ils avoient pu, étant ignorants eux-
» mêmes, se connoître au sçavoir de quel-
» qu'un ; car, pour pouvoir décider qu'un
» homme est sçavant, il faut qu'on sçache
» beaucoup : & quand même ils l'auroient
» pu, encore falloit-il se mettre au fait, &
» sçavoir ce que pensent les autres sectes,
» au lieu de se rendre au premier mot d'un
» homme seul. Mais la plûpart des gens,
» je ne sçais pourquoi, aiment mieux se
» tromper , & combattre opiniâtrément

» pour une opinion de leur goût, que de
» chercher fans entêtement la vérité «.

Academic. II. 3.

3°. Appliquons-nous à conduire par ordre toutes nos penfées ; à divifer chacune
des difficultés que nous examinons, en autant de branches qu'il eft poffible, pour les
difcuter tour-à-tour avec toute la rigueur
dont nous fommes capables ; à étudier d'a-
bord les plus fimples & les plus faciles,
pour nous élever enfuite peu à peu, par une
gradation bien fuivie, jufqu'aux plus compo-
fées ; à diftinguer fcrupuleufement les deux
fens que peut offrir un principe équivoque ;
enfin à repudier toute conféquence qui n'eft
pas naturelle & néceffaire.

4°. Voulons-nous développer aux autres
les vérités que nous connoiffons ? Notre but,
fans doute, eft de les éclairer & de les convaincre ; il faut donc que nos preuves foient
lumineufes & fortes. Or, pour être clairs,
ne laiffons jamais aucun de nos termes équivoque ou obfcur ; faififfons avec précifion la
nature des objets que nous expliquons, &

préſentons-la ſous tous ſes rapports. Ces deux précautions ſont ce qu'on appelle la *défini-tion* & des *choſes* & des *mots*. Pénétrons-nous, ſur-tout, de ce que nous voulons ex-poſer ; car quiconque eſt plein de ſon ſujet, ſçait jetter dans tout ce qu'il dit de l'intérêt & de la clarté : c'étoit le précepte d'Horace, & Boileau l'a bien rendu dans les vers ſui-vants de ſon *Art Poëtique* :

» Il eſt certains eſprits dont les ſombres penſées
» Sont d'un nuage épais toujours embarraſſés ;
» Le jour de la raiſon ne les ſçauroit percer.
» Avant donc que d'écrire, apprenez à penſer.
» Selon que notre idée eſt plus ou moins obſcure,
» L'expreſſion la ſuit ou moins nette ou plus pure.
» Ce que l'on conçoit bien s'énonce clairement,
» Et les mots, pour le dire, arrivent aiſément.

Chant I.

Diviſons exactement en leurs membres naturels & bien ſubordonnés, tous les arti-cles trop compliqués pour être facilement ſaiſis. N'en oublions aucun d'eſſentiel, n'en admettons point d'inutiles ; autrement tou-tes nos énumérations ſeront fauſſes. On tom-

beroit dans le premier défaut, si, par exemple, on disoit que *la Terre a trois Parties,
l'Asie, l'Afrique & l'Europe*; car on sup-
primeroit l'*Amérique*, qui forme une quatriéme Partie non moins essentielle que les
autres: & la division suivante seroit vicieuse
de l'autre manière: *La Terre est composée de
cinq Parties principales, qui sont l'Europe,
l'Asie, l'Amérique, l'Afrique, & la France*;
car la *France* est comprise dans l'*Europe*, &
conséquemment n'est point un membre prin-
cipal de la division. Enfin ne manquons, dans
aucune occasion, de prouver toutes les propositions qui peuvent souffrir quelque difficulté. Quant à la vigueur, nous l'aurons in-
dubitablement, si nos raisonnements ne sont
fondés que sur des principes évidents & sur
des conclusions bien déduites.

Voilà les Régles les plus nécessaires de la
Méthode. Il n'est pas toujours aisé de les ob-
server; mais si notre foiblesse en rend la
pratique difficile, il est pourtant très-avan-
tageux de les connoître & de les méditer.
Nos passions ne sont pas dans une irritation

si constante, qu'elles ne nous laissent quelquefois d'heureux intervales pendant lesquels
la voix de la raison se fait entendre : or,
dans ces précieux moments de silence & de
relâche, un secret penchant ramene l'homme à l'étude. Il réfléchit sur lui-même & sur
tout ce qui l'environne; il fait de généreux
efforts; il voit que, bien différent de la bête, tout son être est au dessus de ce qui
frappe ses sens; sa mémoire lui retrace le
passé, sa prévoyance lui ouvre l'avenir, le
présent est sous ses yeux; & en rapprochant
par la pensée ces trois grandes époques, il
mésure tout le cours de sa vie. C'est alors
qu'il jouit pleinement des fruits d'une belle
éducation, ou qu'il regrette d'en avoir né-
gligé le germe dans ses premières années. Il
voit avec reconnoissance que tous les préceptes dont le zèle importun de ses Maîtres char-
geoit sa mémoire, n'étoient que les fondements de son bonheur; & ce qui affligeoit
son enfance, fait au milieu de sa carrière
son plaisir & son triomphe. Enfin » quand
» ses regards auront embrassé le Ciel, la

» Terre, les Mers, tout ce qui existe ; (Ces
belles réflexions sont de Cicéron , & nous
ne pouvons mieux terminer cet Essai, qu'en
les mettant sous les yeux des lecteurs) » quand
» il aura compris de quoi les choses sont
» formées, ce qu'elles doivent redevenir,
» dans quel temps & de quelle manière elles
» finiront, ce qu'elles ont de périssable, &
» ce qu'elles ont d'éternel ; quand il aura
» presque touché au doigt & à l'œil, si j'ose
» ainsi dire, l'Être qui règle & gouverne
» l'Univers ; quand il verra, que lui person-
» nellement il n'est point resserré dans un
» petit-coin de la Terre, mais que le Monde
» entier ne fait que comme une seule ville,
» dont il est citoyen : ô ! qu'un si magni-
» fique spectacle, où la Nature se montre
» à découvert, mettra bien l'Homme à por-
» tée de se connoître lui-même, conformé-
» ment au précepte d'Apollon ! O ! que tous
» ces objets, dont l'ambition vulgaire se fait
» une si grande idée, seront peu capables de
» l'éblouir ! Qu'ils lui paroîtront vils, & di-
» gnes du dernier mépris !

» Pour faire la solidité & la sûreté de ces
» connoissances, il les entourera comme
» d'une haie, en leur associant la *Logique*,
» qui enseigne à démêler le vrai d'avec le
» faux, à tirer d'un principe une conséquence
» juste, à voir comment une proposition
» détruit l'autre ; & comprenant qu'il est
» né pour la société civile, il ne s'en tien-
» dra pas à cette précision des Logiciens ;
» mais il fera usage de l'Éloquence, pour
» gouverner les peuples, pour affermir les
» loix, pour châtier les méchants, pour
» défendre les bons, pour célébrer le mé-
» rite, pour instruire, pour animer, pour
» exhorter au bien, détourner du mal, con-
» soler les affligés & immortaliser le vice
» & la vertu.

» Qui voudra se connoître, verra que
» l'Homme naît avec de si heureuses dispo-
» sitions ; mais il faut que la sagesse les
» cultive, & les mette en œuvre «.

CIC. *des Loix.* I. 22.

FIN.

TABLE.

FIN.

A AVRANCHES, De l'Imprimerie de LE COURT.

www.ingramcontent.com/pod-product-compliance
Lightning Source LLC
LaVergne TN
LVHW020530060726
842525LV00004B/1128